NOTES

VN PETIT

... PREMIEREMENT
...LÉ L'AMBASSADEVR.
... de la charge & dignité de
...adeur. En la premiere edi-
... le Sieur de Vill. H. En la
...nde par le Sieur de Villiers
...

Par le Sieur de COLAZON
Gentil-homme Breton.

αυλεγερον Σποθανοντων λογους κλεπειν η
... λειται τυμβωρυχειν. Syneſ. ep. 141.

A PARIS,

Chez la veufue de Robert Colombel, ruë S. Iean
de Latran, à l'enseigne d'Alde.

1604.

Avec Privilege du Roy.

HENRY par la grace de Dieu Roi de France & de Nauarre. A noſtre amé & feal le Preuoſt de Paris, Bailli de Rouen, Seneſchal de Lyon, Thouloufe, Bordeaux & Poiƈtou, ou leurs Lieutenãs, & tous autres nos Iuſticiers & officiers qu'il appartiendra, ſalut & dileƈtion. La vefue de feu Robert Colombel en ſon viuant Libraire Iuré en noſtre Vniuerſité de Paris, nous a fait remonſtrer que depuis quelque temps luy a eſté mis entre les mains vne copie d'vn liure intitulé, Notes du ſieur de Colazon gentil-homme Breton, ſur vn petit liure premierement intitulé l'Ambaſſadeur, depuis de la charge & dignité de l'Ambaſſadeur. Lequel liure ladite ſuppliãte deſire faire imprimer & mettre en lumiere: mais elle doute qu'autres qu'elle ſe vouluſſent ingerer de l'imprimer, fruſtrant par ce moien ladite ſuppliante de ſon labeur & frais, s'il ne lui eſtoit ſur ce pourueu de nos lettres à ce neceſſaires, humblement requerant icelles. Pour ce eſt-il que deſirans ſubuenir à nos ſubieƈts ſelon l'exigence des cas, & voulãs icelle ſuppliante n'eſtre fruſtree de ſes labeurs, frais & miſes, AVONS à icelle permis & oƈtroié, permettons & oƈtroyons par ces preſentes, d'impri-

ã ij

mer ou faire imprimer, vendre & diſtribuer par tout
noſtre Royaume ledit liure, ſans qu'autre qu'elle le
puiſſe imprimer ou faire imprimer, vendre & diſtribuer iuſques au terme de ſix ans prochainement venans, à compter du iour & datte des preſentes, ſur
peine de confiſcation des liures qui ſe trouueroient
imprimez & expoſez en vente contre la preſente
defenſe & d'amende arbitraire, & de tous frais de
iuſtice. A QVOI VOVS MANDONS
de tenir la main. De ce faire vous donnons pouuoir
& authorité. FaiƐt à Paris ce 7. iour d'Auril l'an de
grace 1604. & de noſtre regne le quinzieſme.

Par le Conſeil,

POVSSEMOTHE.

NOTES SVR VN

PETIT LIVRE PREMIE-

REMENT INTITVLE L'AMBAS-
sadeur, Depuis, De la charge & dignité de l'Ambassadeur. En la
premiere edition, par le sieur de
Vill. H. en la seconde augmentee,
par le sieur de Villiers Hotman.

Au sieur de Villiers Hotman.

ONSIEVR, Il y a enui-
ron vn an que ie leus
vn petit traicté intitulé
l'Ambassadeur, lequel
on disoit estre de vostre
façon; quoy que quel-
ques vns en doutassent, dautant que vostre nom y est escrit à l'Hebraïque, par
lettres & poincts, & falloit deuiner pour
y paruenir. Ce que les vns attribuerent a

A

modeſtie, les autres à generoſité, ie dis a
vn pur meſpris de vanité. Aucuns diſrent
que c'eſt vne ſorte de fineſſe, qui a pour
but le chois & la liberté de l'adueu où
du deſadueu. Quoy qu'il en ſoit, voſtre
nom y eſt comme en embuſcade, & n'y
paroiſt qu'à demy, ou vn peu par la teſte,
& ſe tient dans le raccourciſſement dont
vous l'auez depuis tiré, l'eſtendant tout
de ſon long. Il y a donc deux choſes à cõ-
ſiderer en ceſte reformee inſcription de
voſtre liure, La premiere eſt l'eſtenduë
de voſtre nom. Nom qui eſt paruenu, cõme voſtre epiſtre le chante hault & clair,
aux pays d'outremer. La ſeconde eſt la
robe de parade dont vous auez reueſtu
voſtre Ambaſſadeur. Car en la premiere
edition il marche ſimplement & ſans
oſtentation, & ne ſe pare que de ſa ſim-
ple qualité. Maintenant ce n'eſt plus vn
Ambaſſadeur faict à plaiſir, mais le voila
qu'il prend vne autre deſmarche, puis
qu'il a charge, & eſt entouré de dignité,
&, qui plus eſt, enflé de ceſte ſeconde
edition augmentee. La premiere mandie
la faueur des hommes. Ceſte cy en a a
reuendre. Sur tout on recognoiſt com-

bien vous vous gardez de vous mespren-
dre en ce qu'ayant, ce dites-vous, heu-
reusement tenté la fortune, vous vous
contétez de l'honneur que vous en auez
eu, sans le vouloir pousser plus auant. Ha,
qu'il eust mieux prins au grand Pompee
& à plusieurs autres, s'ils en eussent faict
autant. C'est donc à bon droict que vous
sauourez maintenant vostr'aise, voiant
vostre nom attaché à vne longue posterité. Ce n'est aussi merueilles si l'Imprimeur a remis vostre liure soubs la presse,
puis qu'il y a presse à qui l'aura. Au reste,
ce n'a esté qu'vn compliment d'honne-
steté d'auoir employé vos amis pour le
reuoir & polir auec vous, puis que vostre
œil tout seul y void plus clair que tous
ceux qui s'en voudroient mesler. Mais
c'est vraiement ainsi qu'en font ceux qui
sont ialoux de leur reputation. C'est aussi
l'vn de vos beaux traicts, d'auoir maintenant supprimé les noms de certains personages qui ont esté, ou sont encores
aux charges, retractant la vanité & flate-
rie de la premiere edition. Mesmes l'excuse que vous en faictes ne procede que
d'vne surabondance de candeur & de

franchise que vous tesmoignez par tout
ailleurs, mesmes en ce liure, ainsi que ie
diray tantost. C'est ceste mesme franchise qui vous pousse à recognoistre la verité, en ce que vous ne rougissez aucunemét d'auoir butiné les labeurs d'autruy,
vieux, ce dites vous, & nouueaux. Combien que quant aux vieux, ils n'ont garde
de s'en plaindre, ny aucun pour eux. On
recognoist assez que ce ne fut iamais vostre intention de troubler leur repos.
Vous les laissez dormir en paix, estimant
que ce seroit vne espece d'impieté de les
manier & fueilleter auec trop d'impor-
tunité. Vous vous estes donc du tout iet-
té sur les nouueaux. Et mesmes les endroicts où gisent ces vieux, sont pour la
plus part raboteux & mal plaisans. Ce ne
sont qu'espines Grecques, que Poëtes,
Historiens, Orateurs, Grammairiés sca-
breux à manier, & difficiles à entendre.
Ceux qui ne se sont pourueus de bonne
heure y font bien souuent de mauuais
rencontres. On dict qu'il y a par cy par là
des pommes d'or. Il est vray. Mais aussi il
y a des dragons qui les gardent, monstres
dangereux pour ceux qui dés leur en-

fance n'ont apprins les fentes de teles
contrees. Voila quant à la difcrette efpar-
gne que vous auez fait de ceux que vous
appellez vieux. Ce font donc ces pauures
nouueaux que vous menez en triomphe.
Ce font leurs defpouilles dont vous vous
eftes tellement paré, qu'il n'y a fi grande
fefte, ny fi grãd feftin, où vous ne puiffiez
comparoir en magnificence. Tant vous
reluifez de toutes parts des belles cou-
leurs qu'efclattent ces plumes emprun-
tees & poftices. Elles accompagnent fi
bien voftre ramage, qu'il eft impoffible
que vous ne vous dõniez vn merueilleux
contentement toutes les fois que vous
iettez la veuë fur voftre perfonne. Vraiement tout cela iroit le mieux du monde,
s'il n'y auoit à craindre qu'à la fin vous ne
vous trouuiez bien loin de compte, comme il aduient bien fouuent aux plus fins
de faire des fautes irreparables. Ce que ie
dis, d'autant que parmy ces nouueaux i'en
cognois de fi bien emplumez, que les plumes que vous cuidez leur auoir oftees, ne
font pas pour diminuer en rien l'agilité &
la vigueur de celles qui leur font demeu-
rees. Et comme ce font hommes clair-

uoians & mal-endurás, s'ils s'aduisent vne
fois que vous vous soyez paré de leurs
plumes, il y a danger que chacun ne re-
prenne la sienne, & que la reputation que
vous auez cuidé acquerir ne se tourne en
risee, comme il aduint vne fois à vne corneille dont vous scauez le compte. Quãd
ce pauure oiseau se vid tout nud, ie vous
laisse penser s'il n'eust pas voulu estre
mort. Ceste corneille me faict souuenir
du renard, qui est vn sage senateur parmy
les animaux qui vont à quatre pieds. On
dict donc que le renard espargne la vo-
laille de ses voisins pour aller en queste
loin de sa taniere. De mesme en vostre
epistre vous nommez certains autheurs
qui ont traicté la matiere des legations
ausquels vo° n'auez du tout point, ou fort
peu touché. Vous vous contentez de sca-
uoir simplement leurs noms, afin qu'on
croye que vous en auez ouy parler. Mais
il y en a vn, dont pour ce regard vous ne
dictes mot, duquel vous auez non seulement effleuré les escrits, mais si bien & si
valeureusement rauagez, que ceux qui
ont veu sa composition & la vostre, dient
tout haut que s'il y a quelques perles ou

pierreries attachees à la robe de voſtre
braue Ambaſſadeur, ellés ſont de ce butin. Pour parler en termes plus intelligi-
bles, on dit que ſi Monſieur Paſchal, n'eut
premierement eſcrit le *Legatus* en Latin,
vous euſſiez eſté muet en Francois. Les
perles & pierreries dont ie parle, ſont les
queſtions, les raiſons, les ſolutions & de-
ciſions, les preceptes, reigles & maximes
de l'Ambaſſade. Qui eſt vn meuble ſans
lequel voſtre eſcrit ne ſeroit eſtofé que
de mots, non d'aucune choſe qui fuſt digne d'eſtre leuë. Et moy qui parle me
ſents auoir aſſez de courage pour vous
ſouſtenir que les trois parts de voſtre ouurage, dont les quatre font le tout, ſont de
la compoſition de Monſieur Paſchal, ie
dis de ſon inuention, de ſon ſtile, de la
lógue & laborieuſe recherche qu'il a fait
de telles matieres dans les monumens
de l'antiquité. Ceux qui s'y cognoiſſent
ont recogneu que c'eſt luy qui a le premier appliqué les façons de faire ancien-
nes à l'vſage de noſtre temps. Ie ne dís pas
que les autres que vous nómez, n'y ayent
doctement trauaillé, traictât les meſmes
matieres, auſquelles il eſt impoſſible que

ceux qui escriuent ne se rencontrent bié
souuent tant aux discours & raisons,
qu'aux exemples. Mais i'ay ouy tesmoi-
gner à plusieurs personnages de singulie-
re doctriné, que pas vn n'a representé pl°
au vray l'origine & la necessité de la legation, l'etymologie & source de ce nom,
& ce qui en depend, ny plus exactement
marqué les principales qualitez qui sont
requises en celuy qui est honoré de l'ambassade. Que c'est vrayemét luy qui méi-
ne l'ambassadeur comme par la main iusques au lieu de sa charge, l'aduertissant
soigneusement de ne choper ou glisser
aux endroicts dágereux, le faisant séiour-
ner, negotier & traitter vtilement, repre-
sentant au public le fruict de ses labeurs,
& à luy particulierement les recompenses de son merite. Ce que vous mesme
auez si bien recogneu, que c'est Môsieur
Paschal tout seul que vous auez choisi
parmy les autres pour vous approprier
trop licentieusement ce qui est sien.
Touchant quoy si vous eussiez franche-
ment dit ce que vous estiez tenu de dire,
vostre faict eust parauenture esté aucunement supportable. Mais puis qu'au
lieu

lieu de recognoiftre la verité, vous faictes
trophee de voftre butin, & vous complai-
fant en voftre hardieffe, vous auez honte
de confeffer ce que vous n'auez faict difficulté de cõmettre, vous ne deuez auffi
treuuer eftrange fi maintenant on vous
dit ce qui vous eft mal plaifant à ouïr , &
fi on vient à defcouurir ce que vous auez
voulu cacher. Ie dis cacher foubs vn voi-
le de candeur & franchife dont par paroles vous faictes vne grande & magnifique
oftentation , dautant qu'en effect , ie dis
en ce faict, vous en monftrez fort peu. Le
pis donc que i'y vois pour vous , eft que
combien que vous aiez tafché de rendre
voftre artifice inuifible, fi eft ce que vous
auez efté bien toft defcouuert. Et cõme
ceux qui pofẽt de mauuais fondemẽs ne
baftiffent rien qui vaille, auffi toutes ces
drogues dont vous auez faict vn troffeau
dans ce petit liure, n'ayant efté cueillies
fur les lieux , mais paffé par plufieurs
mains , & pourmenees par cy parla, a la
parfin fe treuuerõt eftre fort efuentees.
De faict, on dict que fi vous euffiez bien
mefuré voftre entreprinfe à voftre por-
tee , vous ne vous fuffiez iamais hazardé

B

de compoſer vn liure de tel argument.
Que ſi les mains vous fretilloient d'eſcrire ceſte matiere d'eſtat, c'euſt bien eſté
voſtre plus court d'entreprendre a l'aide
de vos amis la traduction du Legatus, non
le butiner impitoiablement. Mais comme non ſans cauſe vous auez apprehendé
les difficultez de ceſte traduction, auſſi
vous vous eſtes aduiſé d'vne autre ſubti-
lité. Vous auez penſé que ce vous ſeroit
bien plus d'honneur d'eſtre recogneu
pour auteur d'vn liure, auquel meſmes
vous pourriez deſployer vos experiences, que d'en eſtre le traducteur. En ceſte
reſolution vous auez formé voſtr œuure
ſur le moule d'autrui. Et comme le ſoleil
donnant ſur vn mirouer, à meſme inſtant
vn faux ſoleil y paroiſt, de meſme ſi toſt
que le Legatus a donné ſur vos yeux, il
en eſt rejailli vne copie d'Ambaſſadeur,
laquele repreſente telement l'excellen-
ce de ſon original, que neantmoins elle
n'en a aucune de ſoi. Car tout ce qu'on y
void eſt illuſoire, & vn faulx luſtre & emprunté. Mais, ie vous prie, auriez vous
opinion que tout le deſguiſement que
vous y auez aporté, tant en la diſpoſition,

qu'en y faisant glisser quelques exemples
de ce temps, & paraduéture y parsemant
quelque petit aduertissement ou vostre,
ou des autres modernes, & ne tournant
bien souuent les passages de mot à mot,
mais y changeant quelque chose legere,
esblouisse telement la veue de ceux qui
l'ont bone, qu'ils ne voient clairement
ce lourd butin? Penseriez-vous l'auoir
bien caché pour l'auoir enuelopé de
quelques hardes de peu de valeur, & qui
ne sont que legers accessoires d'vn tel
principal? Vraiement on dict que
vous estes en danger d'estre hué des
gens de sçauoir. Car si vostre façon de
faire a lieu, ce sera desormais vne grande
simplesse de si souuent & si longuement
se morfondre, suer, veiller, trauailler a
l'estude des bonnes lettres. Il ne fault
que faire des extraicts des œuures d'autrui, & leur apliquer vne faulse barbe de
Modene pour les faire mescognoistre.
Qui est vn expedient fort propre pour
ceux qui ne mettans peine de me-
riter de l'honneur, neantmoins voudroient bien esgaler, mesmes superbe-
ment desdaigner ceux qui en ont acquis

beaucoup,& apres les auoir butinez,pour
toute recompenſe leur faire la mouc en
derriere. Vous dites que de ſiecle en ſie-
çle, de main en main nous aprenons les
vns des autres. Que peu d'eſcriuains en
ont faict autrement. Vous dites vrai. Mais
aprendre quelque choſe d'vn homme,&
le butiner, ſont choſes fort differentes.
Aprendre eſt inſtiller en l'entendement
l'intelligence de quelque choſe bone, &
non ſeulement la ſçauoir par cœur, mais,
qui plus eſt,la faire paſſer en nature.Dôc
aprendre n'eſt pas tranſcrire l'autrui, &
en faire monſtre en public comme du
ſien. Cela ne ſ'appele pas aprendre, mais
trop hardiment prendre. Vous dites auſſi
que les modernes, que vous nommez,
ont emprunté les vns des autres. Il ſe
peut faire. Mais ceux là n'ont pas butiné
les vns ſur les autres a la Villhotmane.
Celui qui emprunte ſe ſert de l'autrui
moiennant le bon gré & congé de ſon
crediteur. Et n'y a eſcriuain tant ſoit peu
aduiſé qui ne taſche de confirmer ſon dire par vne plus receue & plus grande autorité que la ſienne. En ceſte façon on ſe
ſert telement des anciens, qu'a chaque

coup on les recognoit pour auteurs de ce
qu'on emprunte d'eux. Mesmes quand
on les allegue, ce n'eſt preſque iamais
ſans preface d'honneur. Le meſme reſpect, la meſme modeſtie conduit les plumes des ſçauans & ſages modernes, autant ou plus que la doctrine. Ce n'eſt
donc pas de la façon que vous pratiquez
qu'on ſe ſert les vns des autres. Vous
vous glorifiez d'eſtre le premier qui a
parlé du debuoir de l'Ambaſſadeur en
langue Françoiſe. Quand vous y aurez
mieux penſé, vous treuuerez qu'il valoit
mieux deſcendre en ſa conſcience, que
monter à vn faux honneur. Mais pour ne
dire icy tout à coup ce que ie pourrois, ſi
ie voulois, l'adiouſteray ſeulement, qu'il
y a de trois à quatr'ans que ie feis en partie comme vous. Ie dis en partie. Car a
Dieu ne plaiſe que ma pudeur m'aban-
donne, & cuidant butiner autruy, ie met-
te ma reputation en danger. I'auois donc
autrefois extraict le Legatus de Monſieur
Paſchal en forme de reigles & articles,
marquant non ſeulement les chapitres,
mais auſſi les pages dont ie les auois tirez,
non en intention de les publier, mais

pour m'en seruir en mon particulier. estimant que les reigles & preceptes qu'on donne aux Ambassadeurs sont propres à tout homme d'affaires. C'est pourquoy ie desirois me rendre ceste doctrine familiere le plus qu'il me seroit possible. Depuis, vostr'œuure estant venu en lumiere, ie le veis auec auidité, poussé de mesme affection, & de l'esperance que i'auois d'y treuuer quelque nouuele remarque, comme ceste matiere est l'vne des plus fertiles, & des plus vtiles. Or l'aiant leu, & y aiant recogneu non seulement les traicts fort frequens de mon premier auteur, mais aussi & les clauses, & les demi-pages, bref les inuentions, questions & resolutions entieres, ie prins plaisir de conferer l'vn & l'autre ouurage, ramenant par maniere de dire, vos ruisseaux à leur source. Ce qu'aiant communiqué a quelques vns de mes amis, ils ont estimé que ie ferois seruice au public de publier ceste diligence. Et combien que le traict dont vous auez vsé à l'endroit de Monsieur Paschal soit des plus odieux, & merite plustost d'estre supprimé & esteint que remanié pour le faire

seruir, si eſt-ce touteſfois que les principaux endroits de voſtre traduction ſerót
par cet eſcrit mieux recogneus, & les matieres mieux aprofondies, mieux gou-
ſtees & entendues. Bref, ce labeur pourra ſeruir à ceux qui n'abordent ſi aiſémét
la majeſté de la langue Latine, que la
gentilleſſe & la naïfueté de la Françoiſe.
En ceſte intention donc ie l'ay donné
à l'Imprimeur qui l'a mis en pareille forme qu'eſt le voſtre, afin qu'on les puiſſe
commodément relier enſemble, & plus
aiſément conferer les paſſages des deux
liures. Ie ne ſçaurois croire que Monſieur Paſchal treuue cela mauuais, quoi
qu'a vrai dire, & vous & moi mettions la
faulx en ſa moiſſon. Sur tout, ie vous prie
d'excuſer ma franchiſe naturelle dont
i'vſe en certains endroicts, meſmes aux
paſſages qui ſont de voſtre creu, & ne
peuuent eſtre de mon gouſt. C'eſt là où
par fois i'aduertis ceux qui prendront la
peine de lire voſtre eſcrit & le mien, des
choſes dont ils ſe doibuét donner garde.
Ie m'en vais maintenát verifier de poinct
en poinct ce que ie viens de dire, & en-
trerai par voſtre commencement, où

vous dites ces mots, en la

Pag. 1. de la fecond. edition, Ie ne fçache aucun des ancicns, qui tout a deffein ait efcrit de ce fuiet] Me fuis-ie trôpé quand i'ai dict que vous n'auez gueres vifité les anciens? Ie vous dis donc que *Laertius in Demetrio*, nôme le liure *de Legationibus* efcrit par Demetrius; & Athenee au liure feptiefme cite Platon au liure des Ambaffadeurs; & Strabon au premier liure faict mention de Diotimus qui a efcrit les legations des Atheniens.

Pag. 1. *Eclogæ de legationibus*] C'eft vn liure dont on peut tirer plufieurs belles remarques, & mefmes des exemples finguliers, qui feruent merueilleufement à cefte matiere. Sans doute Monfieur Pafchal nous en euft faict part, s'il fuft venu eu lumiere deuant l'impreffion de fon Legatus. Et m'eft ône fort que vous ne nous en dites antre chofe en cefte feconde edition. Mais il me fouuient que le liure eft en Grec, & n'en voions encores aucune traduction. C'eft pourquoi ce vous eft affez d'en fçauoir le tiltre en Latin.

Pag. 1. Et la caufe de ceci à mon aduis, eft

eſt que l'on n'appeloit ordinairement à
cete charge que gens pleins d'honneur.]
C'eſt tout ainſi comme ſi on diſoit, Que
c'eſt choſe ſuperflue de rediger les loix
& ordónances par eſcrit, puis qu'on n'appele aucun aux charges de iudicature
qui ne les ſçache, ou pour le moins ne
ſoit tenu de les ſçauoir. Voila vne cheti-
ue raiſon.

Pag. 1. b. Ou que celui qui n'en ſeroit
digne, fuſt ſi mal aduiſé de s'en charger.]
Comme ſi ce n'eſtoit l'ordinaire que les
plus impertinens ſont les plus impudens,
& les plus importuns.

Pag. 2 p. e. A ceux la depuis ont eſté or-
donnez les chaſtimens.] Vous auez bien
faict de raier ces mots, qui ſont en voſtre
premiere edition, deſquels l'abſurdité
eſt manifeſte. De faict on ne liſt point
qu'il y ait eu chaſtiment pour ceux qui
auroient imprudemment & impudem-
ment demandé vne ambaſſade. Mais
bien at-on ſouuent chaſtié ceux qui s'y
eſtoient mal comportez. C'eſtoit iadis l'a-
ction *malæ geſtæ legationis.*

Pag. 1. b. Ie ne m'arreſterai a la recherche ſoit du nom d'Ambaſſadeur qui nous

C

eſt eſtranger,&c.] C'eſt en ceſte recherche où il faloit repreſenter quelque diligence, & s'y rendre exact autant qu'il
eſt poſſible. Perſonne ne ſe peut vanter
de bien entendre vne matiere s'il n'en
entend les principaux termes, c'eſt à dire
leur etymologie, & ſource originaire.

Pag. 2. Que le nom d'Ambaſſadeur
n'eſt pas ſi general que le mot *Legatus.*]
Puis que vous ne dites mot de la ſignifi-
cation de ce terme, vous ne pouuez auſſi
bonnement ſçauoir ſes bornes & ſon
eſtendue. M. Paſchal a monſtré au 10.
chap. du *Legatus* qui eſtoient ceux que
l'on comprenoit ſoubs ce nom de *Legatus.*

Pag. 2. Et y repreſenter auec dignité
leurs perſones & leur grandeur pendant
la legation.] Il faloit diſtinguer la qualité des ambaſſades. Car ceux qui ſont ſimplement enuoiez pour aſſiſter aux cere-
monies publiques, comme de bapteſme,
de nopces, de funerailles, & ſemblables
ſolennitez, repreſentent la grandeur &
la dignité de ceux qui les ont enuoiez.
Mais ceux qui ſont deſtinez pour traiter,
pour faire foy & hommage, pour prier,
pour ſupplier, pour ſe mettre à genoux,

pour demander grace, a voſtr'aduis, font-
ils la pour repreſenter la dignité & grandeur de leur maiſtre? Et dautant que
teles ambaſſades ſont les plus neceſſaires
& les plus frequentes, il les faloit nom-
mément excepter de ceſte propoſition.
Ie dis donc que ceux-ci ne ſont enuoiez
pour repreſenter aucune grandeur, ſi ce
n'eſt cele qui reſulte de la dignité des affaires qui leur ſont commiſes.

P.2.b. Pour la crainte qu'on auoit que
le long ſejour d'vn ambaſſadeur ne fiſt
deſcouurir les ſecrets de l'eſtat.] C'eſt la
matiere qui eſt traictee au *Legatus*, au
chap. 69. p. 447.

Pag. 3. Ioint qu'en ce temps la.] Ie vous
prie cottez nous ce temps, s'il vous eſt
poſſible. Quant à moi, ie vois qu'en tout
temps les republiques policees de loix &
de mœurs, n'ont iamais faict la guerre
qu'en intention d'auoir la paix.

P. 3. L'on trauailloit beaucoup plus a ſe
faire des ouuertures de guerre contre les
voiſins qu'a entretenir la paix auec eux.]
Vous voulez donc par la inferer que les
ambaſſades ordinaires ont eſté introdui-
tes pour faire des ouuertures de paix. M.

C ij

Paschal ne nie pas qu'aucunes n'y aient
serui, & n'y puissent seruir. Mais si on
veut aprofondir ceste matiere, il se treu-
uera qu'eles ont aporté autant de mal
pour le moins qu'on en sçauroit figurer
de bien. Les raisons en sont discourues
audit chap. 69.

P. 4. b. Lesquels pour cela ne iouissent
pas de ce droict des gens, & des priuileges
d'vn ambassadeur, qui n'est acquis qu'à
l'estranger, & non au citoien, dit Tite Li-
ue.] Ce passage est prins du chap. 33. pag.
235. du Legatus, *Hosce demonstrauit Liuius*
per nomen Circeiensium aliorúmque colonorum,
cùm memorat, eis denunciatum Senatus verbis,
facesserent properè ex vrbe, atque oculis populi
Rom. ne nihil eos legationis ius externo, non ciui
comparatum tegeret. Vide vt excludat eos priui-
legiis legatorum exterorum. Ergo neutri publico
hospitio excepti, neutris lautia mitti solita.

Pag. 4. b. Mais bien les herauts, des-
quels les persones sont inuiolables, &c.]
Hoc erat priscorum caduceatorū, hoc fecialium
munus. Quibus vix quenquam hodierno die assi-
milare possum extra eos qui vocantur Araldi,
regesue armorum, qui sunt solennes nuntij re-
gnantium, &c. chap. 10. p. 69.

P.4.b. Comme aussi les tambours, trõ-
pettes, & teles persones.] *Istus annumero tu-*
bicines, æneatores, tympanistas, aliósque militares
nuntios, & libelliones, quos iura belli, etiam inter
agmina hostium, tutos præstant. chap. 10. p. 69.

Pag. 5. Les Romains auoient aussi vne
autre forme de legation contre la loi ancienne, laquele defendoit d'aller en ambassade pour son propre affaire, & s'apeloit legation libre, &c.] *Fuit & genus lega-*
tionis, cui nomen liberæ. Hanc impetrabant ij
qui priuati, & priuatum ad negotium exibant, &
ce qui s'ensuit, chap. 6. p. 25.

Pag. 5. Comme estoient pareillement
ceux a qui l'on ne vouloit faire la honte
toute entiere d'vn exil. Et cete ci s'apeloit legation d'honneur. Et en la premiere edition p. 5. & cete ci s'apeloit *honesta*
legatio.] Ie n'ai point leu qu'il y eust vne
sorte de legation qui s'apelast *honesta lega-*
tio, ny legation d'honneur. Et vous qui
escriuez cela, en chose si nouuele & du
tout inouïe, debuiez cotter vos autoritez.
Mais puis que M. Paschal & les autres
l'ont obmise, i'ai grande peur que ce ne
soit vn pur songe. Bien lit-on que *honesta*
specie, nempe legationis, quidam relegabantur in

C iij

prouincias. Ainsi Tibere *Othonem suspectum in Poppæa in prouinciã Lusitaniam specie lega_tionis seposuit* : combien qu'ici on peut di-re que la legation estoit vne charge diffe-rente de celle que nous apelons ambas-sade. C'est ce qui est traicté au chap. 14. p.93. en ces mots , *Cæterùm & legationes & præfecturæ dantur ipsis inuidiosis & inuisis; sed longinquæ & odiosæ* , & tout ce qui s'ensuit iusques à ces mots , *Sic ab Tiberio Germani-cus in Orientem, ab Nerone Otho in Lusitaniam amotus.* Suetone de pareille elegance dit que *Germanicus ad componendum Orientis sta-tum fuit expulsus.*

Pag.5. De laquele Tacite dit qu'Augu-ste vsa a l'endroict du pauure Agrippa, pour l'esloigner de sa Cour.] Voici vne pauure inuention, mesmes esloignee de toute verité. Mais ie vous prie, où est ce passage dans Tacite? Enseignez le nous, & nous vous en dirons grand merci. Dites nous en quel exemplaire vous l'auez prins. Ou vous auez des liures singuliers, ou personne n'a des yeux que vous. Au reste Planasia est vne isle fort petite dans la mer Tyrrhenee, où Auguste relegua ce pauure Posthumus , & vous dites qu'il

l'y enuoia en legation? certes oui, si vne
prison ou captiuité est vne legation. Mõ-
sieur Hotman, il faut ici pallir ou rougir.

Pag. 5. Il semble aussi qu'on pourroit
mettre au rág des agens & ambassadeurs
ceux qui sont enuoiez en vn estat pour y
traicter secretement auec aucuns des
principaux conseillers, du consentement
toutesfois du chef, ou de tout le corps,
duquel ils sont cogneus & admis soubs le
nom & qualité de pensionaires.] Il vous
est aduis que ce passage est telement
desguisé, que persone ne le recognoistra.
Mais ie vous dis que vous l'auez entierement prins du chap. 14. ou vne partie de
l'argument monstre la matiere du chapitre, en ces mots, *Quidam obeunt legationes*
nullo nomine. C'est la ou Monsieur Paschal
monstre, que sans enuoier des ambassadeurs, mesmes par le moien de certaines
persones interposees & incogneues, on
faict bien souuent de grandes affaires,
sur tout par les marchands, qui soubs pretexte de leur trafic, se fourrent en plusieurs endroicts. Et a ce propos il allegue
l'exemple d'Aristo marchand de Tyr, qui
entreprint de negotier pour Annibal

auec les Carthaginois. En lieu de mar-
chans & negotiateurs, vous introduisez
des pensionaires, qui sont persones plus
suspectes & odieuses. Pour le moins il faloit dire, que par tele sorte de gens on
commence bien souuent des negotia-
tions en secret, lesqueles puis apres sont
paracheuees & solennisees par des ambassadeurs.

Pag. 6. b. Ores que le principal, plus general & ordinaire sujet de sa legation, soit
pour entretenir l'alliance & amitié auec
le Prince, ou l'estat auquel il est enuoié.]
*Vt quamcunque rem legatus agere intendet, in id
se comparet, acuátque, vt naturam imitetur, cuius ingenium est, consociare, &c.* chap. 54. pag.
338.

Pag. 7. Vn de la religion ne seroit pro-
pre prés du Pape, ni du Roi d'Espagne.]
Il faloit dire en plus forts termes, qu'a
Rome il ne seroit pas receu.

P. 7. b. Comme la Roine d'Angleterre
m'en feit porter parole au Roy.] Ie vois
bien que vostre liure vous pourra seruir
de chronique, afin que la posterité ente-
de que vous parlez autant par practique
que par theorique.

Pag. 7. b. En aucuns estats ils conside-
rent fort la qualité d'vn Ambassadeur, &
en font moins d'estime, s'il n'est gentil-
homme portant l'espee.] *Opes cùm dixi, na-*
tales quoque signaui, &c. chap. 7. p. 32.

Pag. 8. A cause que les Ecclesiastiques
ont vn serment bien estroit au Pape, & a
l'Eglise, qui semble deroger a la fidelité
naturele que tous subiects doiuent à leur
souuerain.] Au contraire l'vn & l'autre
serment sont si compatibles, que les Rois
bien souuent ont tenu des ambassadeurs
prelats, mesmes a Rome.

P. 8. b. Et aucunesfois c'estoient leurs
Consuls mesmes, &c.] Ie ne pense pas, si
ie ne me trompe, qu'il se treuue qu'vn
Consul de Rome ait esté enuoié en legation. Bien pour commander a l'armee, &
faire la guerre. Vous vous treuuerez bien
empesché a monstrer vostre auteur.

Pag. 8. b. Philippe de Comines se plaint
que le Roi Louis vnziesme y emploioit
ordinairement son barbier.] Il faloit ici
alleguer les raisons qui sont au chap. 13. p.
87. ou M. Paschal monstre que c'estoit vn
vrai traict d'vne exquise prudence, &
vraiement digne de Louis vnziesme.

D

P.9. Car qui donneroit commission a vn homme vieil, & chagrin, ou de mauuaise grace d'aller traicter mariage auec vne ieune princesse, & lui faire l'amour au nom de son maistre, &c] Il ne me souuient ni d'auoir leu, ni d'auoir oui dire que les princes enuoient des ambassadeurs pour faire l'amour. Mais pour traiter mariages, cela est ordinaire. La bone grace de l'ambassadeur ne frappe le coup, mais bien son bon entendement, sa dexterité, & son heur.

Pag. 9. I'en ai veu l'experience quelque fois.] Nous voici encores a vos experiences. Ie vous accorde qu'il faut que l'Ambassadeur soit agreable, pour mieux iouir de celui, auec lequel il a affaire. Mais ceux qui traictent les mariages & les alliances des princes, ne s'adressent aux filles, & ne vont faire les doux ieux aux vefues, mais traictent serieusement auec ceux qui les ont en charge. Somme, les mariages & alliances des grands le plus souuent ne se font par amourettes, mais sont fondees sur desseins d'estat.

P.9.b. Comme si c'est vn faict de guerre, il est plus seant de le commettre a vn

Marefchal de France, ou autre chef de
guerre, & entendu au faict des armes.
Aux conciles il feroit ridicule d’enuoier
autres gens que des Ecclefiaftiques,&c.]
Nempe, negotium bellicum recte committitur
illi qui fit fpectatus bello. Ad negotia pacis pru-
denter legatur is, quem inftruunt eximiæ pacis
artes. Ad difceptationes iuris, qui iuris confultif-
fimus reperitur. Ad terminandas controuerfias
*religionis,&c.*chap.12.p.82.

Pag.10. Non pour faire vne parfaicte
idee d’ambaffadeur, comme Taffo, Ma-
gio, Gentilis, & quelques autres ont ef-
faié de faire.] Et pourquoi euitez-vous
ainfi le nom de Monfieur Pafchal? Car il
eft certain qu’il eft au nombre de ceux
qui ont reprefenté l’ambaffadeur tel
qu’on le doit defirer: combien que pourtant il ne lui donne pas des qualitez idea-
les, imaginaires & impoffibles, mais feulement celes fans lefqueles vn homme
eft incapable de l’ambaffade. Qui font
celes la mefmes que vous auez tirees du
chap. 7. en ces mots, Mais moi, ie ne lui
en donne pas plus qu’il en peut auoir par
vfage & nature.

Pag.10.b. S’il n’a quelques lettres.] Au
D ij

contraire, il en fault auoir faict bone
prouision, pourueu que ce ne soient celes qu'a bon droict on appele lettres inu-
tiles, amusemens de gens oisifs.

Pag. 10 b. Et sur tout la cognoissance de
l'histoire, que ie treuue lui estre plus ne-
cessaire, qu'aucune autre estude. Et en la
pag. 12. b. A quoi l'histoire lui seruira de
beaucoup, &c.] *Experientia cuneata inter an-*
gustos vitæ terminos quantillà est, quantillúmue
potest, si non ope historiæ fruitur liberiori cœlo, si
non respicit præterita, vt, cùm opus erit, longo
prospectu aduertat futura? Hoc ergo desidero ab
eo cui legatio datur, vt maturè peregrinetur in
monumenta gentium, in præterita sæcula, in res
alienas, &c chap. 7. p. 34.

Pag. 10. b. Aussi le veux-ie riche, non
seulement des biens de l'esprit, mais aussi
des biens de fortune.] *Secundo loco rem fa-*
miliarem desidero in legato, &c. chap 7. p. 30.

Pag. 11. En quelque mediocrité pour le
moins.] *Censum tamen non accipio indomitum,*
diuitias non diffluentes & inuidiosas, sed ad sanū
modum, easque quæ claritudini bonarū artium
adiumento sint. chap 7. p. 32.

Pag. 11. Vne grande pauureté est tous-
jours suspecte.] *Hinc est quòd in hominum*

animu omnino pluris est is , quem opes honestant,
quàm cui est cùm paupertate lucta. chap.7.p.31.

Pag. 11. b. Encores qu'a vrai dire il soit
bien tard de fouïr vn puits quand on a
soif.] *Illum sitis enecat qui cùm sitit, tum demum*
fodit puteum. chap.7.p.34.

Pag. 12. Et s'il auoit auparauant eu quelque goust du droict ciuil.] *Huc itur per tra-*
mites scientiæ ciuilis, &c. chap. 7. p.33.

Pag. 13. b. Aussi en plusieurs lieux on
nomme les Ambassadeurs Orateurs.] Il
ne faloit seulement prendre ces mots du
texte de Monsieur Paschal, mais aussi la
raison. Tout cela est au chap.1.p.4.

Pag. 13. b. S'il sçait la langue du pays où
il est, &c.] Ceste matiere est prinse du
chap. 40. p.274.

Pag. 14. Son parler sera graue, bref, &
signifiant, &c.] *Legatio est peragenda cultè,*
compositè, magnificè. Vitanda verba calcata &
protrita, &c. chap. 43. p. 288. Et a la fin du
mesme chap. *Illud tantùm moneo, vitandum*
esse sermonem laciniosum, qui idem rerum publi-
carum moderatoribus plerunque est onerosus. p.
292. & en la p.308. *Summa laus legati est, lo-*
qui grauiter, respondere sapienter, denique pugna-
re gladio non volsellis.

D iij

Pag.14.b. Les princes & quasi tous les grands,& toutes gens militaires n'aiment pas les grands parleurs , &c.] *Et hoc veluti sepimento summa fortuna vtitur aduersus agmen verborum , à quo sæpiùs obsidione premitur & exsurdatur.*chap.41.p.279.

Pag.16. Comme vn qui fut enuoié a quelques alliez de ceste courone, lequel se pourmenoit le soir, &c.] Semblable exemple pouuoit estre plus a propos tiré d'ailleurs que d'vn ambassadeur Fraçois.

Pag.16.b. Et pour les dons de nature, s'il est borgne, bossu, boiteux, ou autrement contrefaict , &c.] *Ipse ab legatione haud ferè minùs quàm vitia reiicio corpus mutilum, membra vitiata, obtusa, detorta, toruitatem, deforme caluitium, &c.* chap.8. p.39.

Pag.16.b. Quelqu'vn des anciens disoit, Qu'en ces corps mal bastis & viciez l'ame est mal logee.]Il eust bien mieux valu ne laisser au bout de la plume le nom de cet ancien, & dire que c'est M.Lollius qui dit cela de Galba. p.38.

P.17. Il fut dit par risee,voila vn Ambassade qui n'a ni pieds ni teste.] Vous vous acoustumez telement à soustraire l'hon-

neur de ceux qui ont dit, ou fait quelque
chose louable, qu'a la fin les anciens mesmes perdront leur honneur. Que vous
euft il couſté de dire que c'eſt Caton qui
dit ces mots? Il eſt ainſi nommé au lieu
dont vous l'auez prins. p. 38.

Pag. 17. S'il a ſceu faire bon choix de
ſeruiteurs & domeſtiques, a quoi il doit
principalement prendre garde &c] *Cæte-*
rùm non alios legatus in vſu habere debet, quàm
quos commendat modeſtia, & gloria obſequij, &
probitas morum. p. 185.

Pag. 18. Parmi ſes domeſtiques, les officiers les plus neceſſaires, & dont il doit
faire election, ſont les ſecretaires, & le
maiſtre d'hoſtel.] Toute ceſté matiere
eſt prinſe du 26. chap. du *Legatus*, ou elle
eſt particulierement traictee, & ou eſt ce
paſſage en ces mots ; *Inter comites plerunque*
eminet is, quem vocant ab epiſtolis, aut à ſecretis,
Qui Hercule & c. Monſieur Paſchal ne parle du maiſtre d'hoſtel que vous y adiou-
ſtez, d'autant que proprement le maiſtre
d'hoſtel ne ſert a l'ambaſſade, mais à l'ambaſſadeur, d'autant auſſi qu'ailleurs il ad-
uertit l'Ambaſſadeur luy meſme de quel-
le façon il ſe doit comporter au choix &

en la côduite de ses domestiques, & mesmes en la despense.

Pag. 19. Et viennent a croire qu'il serre & mesnage pour soi les deniers de son appointement.] C'est le discours du *Legatus* en la page 372. ou la chicheté & l'auarice des Ambassadeurs est reprinse. *Vsquamne reperiantur legati mentis tam deiectæ, vt fœnore pecunjas auctitent; vulgaria côpendia, atque adeò sordidos quæstus, & negotia tam lutea sectentur?*

Pag. 19. b. Il prend instruction bien signee de tout ce qu'il aura a dire & negotier, &c.] C'est la matiere qui est particulierement traittee au chap. 17. p. 108.

Pag. 20. b. Voire iusques aux moindres particularitez, par lesqueles il peut quelquesfois faire iugement des choses d'importance.] *Atque adcò ipsa inania, quorũ ductu sæpe itur ad seria.* chap. 26. p. 170.

Pag. 21. b. Estant au reste & plus à propos, & plus conuenable à la grandeur du maistre, que celui qui est enuoié soit son subiect naturel, non estranger, &c.] Tout ce passage est prins du chap. 7. p. 26. *Indigenã dixi, quia nemo homo, nisi impẽse improbus sibi suisque sciens nocet, &c.*

Pag. 21. b. Et est honteux de faire recognoistre

gnoistre nostre manquement & pauureté en faict d'habilles hommes,& capables d'vne tele charge.] *Accedit dignitas Reipub. cuius interest hoc sciri, se ciuilis industriæ, fideiq; domesticæ non vsque eò egenam, vt necessitate imploret externam, emátque mercenariam, &c.* chap. 7 p. 28.

Pag. 21. b. Non qu'il n'en ait quelques fois bien reussi quand on a emploié des estrangers.] *Neque tamen ita floccillo externa, vt fidei, vndecunque est, verear habere fidem, ac virtuti peregrinæ hospite honore interdicam, &c.* p. 30.

Pag. 21. b. Il est vray que de ceste reigle on peut excepter les prisonniers de guerre &c.] *Datur & legationes ipsis captiuis, ijs qui putantur esse gratiosi apud suos.* chap. 14. p. 93.

Pag. 22. Vn autre traict de prudence est l'arriuer à temps.] *Statim ire sæpe est rem conficere, tardè eam habere derelictui.* chap. 18. 120.

Pag. 22. b. Et à ce propos Suetone conte que ceux de Troie enuoierent leurs deputez a Tibere, &c.] Ce n'est aucunemét a ce propos que Suetone recite ce faict. Vous transcriuez ici le passage du *Legatus*, qui est tel au chap. 18. p. 120. *Vt cetera omnia ita quoque tempus profectionis legati est in arbi-*

trio mittentis, quia statim ire sæpe est rem conficere,
tarde, eam habere derelictui, & ce qui s'enſuit.
Suiuant ce precepte qui eſt veritable, vo⁹
admoneſtez l'Ambaſſadeur de ne retar-
der ſon partement, ny s'arreſter en chemin, afin qu'a ſon arriuee il ne treuue les
choſes changees, *ne conſilia poſt res afferãtur.*
Ce qui va bien iuſques la. Mais en lieu
d'employer les exemples du *Legatus*, qui
ſont fort a propos pour preuuer & confirmer ce precepte, vous en eſtes allé cher-
cher vn autre bien loing, que vous indui-
ſez tres-mal. Car Tibere, au paſſage de
Suetone que vous alleguez ne reprend,
ou ne ſe moque pas de la negligence des
Ambaſſadeurs, mais de la ſottiſe de ceux
qui les auoient enuoiez pour le conſoler
du decez de ſon fils Druſus, d'autant que
cela n'auoit eſté faict a la chaude, c'eſt a
dire auſſi toſt qu'ils en ſceurent la nouuele. En quoi il y auoit vraiemét de l'ine-
ptie, comme cet exemple eſt interpreté
au chap. 56. p. 350. Il y a donc bien a dire de
la faute que cómettent les Ambaſſadeurs
par leur negligence, a celle en laquele
tumbent ceux qui les enuoient. Vous
auez tant de ſoing de pallier & deſguiſer,

que pour euiter les exemples du *Legatus*,
qui seruent au propos, bien souuent vous
en collez d'aucuns qui ne sont nullemét
en leur place, comme ie crois que vous
confessez maintenant que cestui-ci en
est vn.

Pag. 22. Il faut aussi qu'il se presente en
temps & lieu, afin que l'on ne prêhe soup-
çon sur le subject de sa venue. & plus bas
p. 23. Certes la legation se rend suspecte,
qui ne se faict en temps, & en lieu.] Ceste
matiere est entierement prinse du chap.
23. pag. 155. mesmes en ces mots, *Enimuero*
cùm legatio hostium ipsorum præsidio sit inuiola-
bilis, quisquis aut sinisteritate, aut ignauia, aut
prauo pauore abutitur munere tam sacro, quid
aliud hominibus suspicãdum relinquit, quàm agi-
tari inlicita?

Pag. 23. Ce n'est assez d'arriuer a temps.
Il faut, comme ie disois tantost, qu'il se
presente & expose sa legation, si tant est,
qu'elle soit d'importance. car la paresse
d'aucuns a doné loisir aux espions de des-
couurir leurs secrets.] Ceci a esté butiné
dans le chap. 30. mesmes en la p. 205. ou est
allegué ce mesme exemple d'Alcibiade.

Pag. 24. Comme s'il treuuoit la Cour

en dueil,&c.] *Veluti ſi aduentus legati incidit in ipſum tempus ingentis luctus.* p. 211.

Pag. 25. Il ſe fera auſſi paroiſtre habile homme s'il ſçait faire choix de quelqu'vn qui l'aſſiſte. & ſecôde en ſa charge.] Ceſte matiere eſt butinee dans le cha. 25. p. 167. *Ergo quomodo in legato electa eſt fides & induſtria, ita ipſi eligendus eſt vicarius honeſtiſſimus & ſolertiſſimus è comitibus.* Et au meſme chap. p 169. *Enimuero tunc legatus experitur quanti ſit, aſſumere in comitatum viros bonos ac ſtrenuos, quorum miniſterium, ſiquid tale acciderit, habeat ad manum.*

P. 25. b. Il doit pareillement prendre garde a ne receuoir en ſa maiſon, & rendre ſes domeſtiques ceux du pais ou il fait ſa reſidence, eſtant bien certain que ce ſont autât d'eſpions.] Monſieur Hotman, ce precepte eſt de voſtre creu, & vous me pardonnerez ſi ie vous dis qu'il ne vaut rien, & qu'en cet endroict vous ne parlez aucunement en homme d'eſtat Ce n'eſt en la maiſon de l'Ambaſſadeur qu'on doit craindre les eſpions. De faict, qu'y pourroient ils gaigner, s'ils ne mettoient la main ſur ſes papiers, & s'ils ne gaignoient ſon ſecretaire? Mais au contraire ceux du

pais auroient pluftoft occafió de craindre
que tous les domeftiques de l'Ambaffadeur ne fuffent autant d'efpions. Ceux-ci
ne fçachans du tout rien des affaires fe-
crettes de leur maiftre, n'ont garde d'en
faire des difcours à ceux du pais. Mais les
feruiteurs de l'Ambaffadeur ne peuuent
aller nulle part, ni aucune chofe voir ni
ouyr dans le pais, qu'ils ne recueillent, &
n'en facent le rapport a leur maiftre, qui
fait fon profit de tout. C'eft pourquoi les
fages Ambaffadeurs enuoient leurs gens
par tout, pour fleurer tout, & tiénent leur
porte ouuerte a tous venans, fçachans bié
qu'on ne fçauroit rien voir ni ouyr chez
eux qu'ils ne vueillent bien qu'on fçache.
Ce n'eft pas de mefme de ceux du pays,
qui doiuent auoir ferme croiance que
l'Ambaffadeur eft la, pour y efplucher
toutes chofes. En quoi il fe fert principalement de fes domeftiques. De fait, ceux
qui gouuernent bien leurs eftats, defen-
dét a leurs officiers d'auoir aucune acoin-
tance auec l'Ambaffadeur ou fes gens,
craignans que l'Ambaffadeur n'aprenne
d'eux pluftoft qu'eux de lui. Procope dit
que la couftume ancienne eftoit, de ne

permettre pas feulement aux Ambaſſadeurs de boire vn trait d'eaue froide, ſans
l'aſſiſtance des gardes qui leur eſtoient
dōnees. Ce qui preſupoſe auſſi que ſoubs
pretexte de les honnorer, ils eſtoient ſoi-
gneuſement gardez. Il n'y a gentilhom-
me Venitien qui oſe entrer chez vn Ambaſſadeur ſans congé de la Seigneurie.

Pag 26. Moins doibt ſa maiſon ſeruir
d'aſyle & de retraicte aux criminels de
l'eſtat ou il eſt.] *Hæc, taliáque vt legatus licere*
debent, ita improbo eum, qui apud pleróſque ado-
leuit, morem, vt domus legatorum ſint aſyla im-
proborum, & c. chap. 68. 444.

Pag. 26. b. Il y en eut vn lequel eſtant
rencontré la nuict par le guet de la ville,
receut la honte d'eſtre mené priſonier.]
C'eſt vn aduertiſſement que Monſieur
Paſchal dōne aux Ambaſſadeurs au chap.
58. p. 372.

Pag 27. b. L'Ambaſſadeur de France eſt
trop ſage pour aller ainſi la nuict.] Il ſemble que vous preniez plaiſir d'attribuer
toutes les fautes, ié dis tous les mauuais
exemples aux Ambaſſadeurs Francois.
Pour le moins voici deſia le deuxieſme.
Au reſte ce paſſage eſt prins du chap. 58.

p.372. *Pudeat legatum alibi conspici, quàm vbi esse honestè potest, ne de eo dici possit illud, In magna legatum quære popina, &c.*

P. 28. Estant bien certain qu'on leur en est plus agreable.] Ceci est entierement prins du chap. 57. p. 364. *Et si mihi quidem probantur sobrij conuictus, tamen haud dicam dolo, audeo suasor esse, vt ne legatus excerpat sese; sed illi qualicunque voluptati modestè misceatur,* & ce qui s'ensuit.

Pag. 28. Mais aussi se faut-il souuenir de l'Empereur Bonosus, lequel enyuroit ordinairement les Ambassadeurs estrangers pour apprendre leurs secrets.] Comme toute ceste matiere est prinse du *Legatus,* aussi cet exemple, *Bonosus Imperator, vastus ille gurges barbaros legatos maioribus poculis inuitare solitus erat, vt &c.* chap. 57. p. 365.

Pag. 28. b. Encore vn effect de sa temperance sera a ne receuoir dons & presens, &c.] *Hinc discedens hospitale munus ne temerè accipiat, &c.* Mais de quele façon il est loisible a l'ambassadeur de prendre des presens, il est particulierement traicté au chap. 72.

Pag. 29. Mais il n'y a rien qui plus nuise

a sa reputation que le parler indiscret.]
In primis legato videndum ne vnquam inconsul-
tè loquatur, &c. chap. 58. p. 367.

Pag. 30. Le feu grand Tresorier d'Angleterre Cecile, &c.] Ceste louange, ou-
tre plusieurs autres, est propre de feu
Monsieur le Chancelier de l'Hospital,
cette grande lumiere non seulement de
la France, mais aussi de toute l'Europe.

Pag. 30. b. Qui mesmes n'espargnent
pas leur maistre, & leur nation propre.]
Noster quoque rex, inquiunt, lamiæ morsus in
collo impressos habet, exprobrantes regi suo, &
quidem apud æmulum tyrannum, amorum eius
suauiationes & morsiunculas. chap. 58. p. 367.

Pag. 31. Le courage & la resolution lui
font aussi fort necessaires a cause des ha-
zards, des affaires espineux, des trauerses
& fascheries, &c.] *Hic* [*Legatus*] *deluctando*
ingétibus ærumnis, dum eius fortitudini nihil est
inausum, agmina terrorum excepit, vniuersorum
securitati sua pericula posthabuit, &c. chap. 76.
p. 507.

Pag. 31. Honoroient d'vne statue la memoire de ceux qui estoient morts en ceste charge.] Ceste matiere est deduite au
chap. 76. & mesmes en la p. 514. & 515.

Pag.

Pag.31.b. On leur ordonoit des recompenses dignes de leur vertu.] C'eſt au meſme chap.76. où ſont repreſentez pluſieurs exemples de teles recompenſes.

P.31.b. Le Sieur de Stafford Ambaſſadeur Anglois,&c.] Apres que vous auez dict qu'on ordonoit des recompenſes aux Ambaſſadeurs qui auoient eſchapé le peril, vous dites qu'aux barricades le Sieur de Stafford ne voulut prendre paſſeport du feu Duc de Guiſe. Ie vous laiſſe conſiderer cóme cela eſt bien lié,& rapporté a ce qui eſt deuant. Il faloit donc ici adiouſter de quele recompenſe fut recogneuë la generoſité du ſieur de Stafford.

P.33. Auoit ſes cheuaux & carroſſe garnis de ſonnettes, &c.] *At hodierna ingenia quia ſtultitiæ fluctibus iactantur, magnitudinem principis, maieſtatem ſenatus, decus legationis ponunt in longo ordine impedimentorum, in conferto agmine aduorſitorum, deductorum, aſſectatorum, ſalutatorum, anteambulonum, manduconū, in multitudine equorum, plauſtrorum, puerorum, cætero apparatu luxuriæ, &c.* chap. 28. p. 182.

Pag.33.b. La premiere porte.] Ce n'eſt pas la porte de la ville, comme vous l'entendez, le traduiſant ainſi. Mais c'eſt vne

F

petîte Eueſché qui n'eſt ſi loin de Rome,
que le Bourg la Royne de Paris, qui ſ'ap-
pelle *Prima porta.*

Pag. 33. b. C'eſt d'eſtre & paroiſtre
fort preud'homme.] Ce precepte eſt
prins du chap. 47. p. 308. *cùm ingenuitatem
laudaui in legato, non ſolùm eius verba ſpectaui,
ſed & res. Id quod eò pertinet, vt ne is vnquam
defugiat autoritatem ſuam,* & ce qui s'enſuit.

Pag. 34. b. L'autre marque de la preud'-
hommie donc eſt d'eſtre veritable] *Itaque
probatur mihi legatus ingenuus & aretalogus.
&c.* chap. 47. p. 305.

Pag. 34. b. Retenu a promettre, &
exact a obſeruer ce qu'vne fois il a promis]
*Nihil polliceâtur quod non idem præſtare poſſint.
Nam promiſſorum ſeruanda fides, etiam ab illo
cuius eſt legatio.* chap 50. p. 321.

Pag. 35. Les Allemans, &c.] Il y a des
choſes leſquelles eſtans dites parmi nous,
ſont ſuportables. Les meſmes eſtât eſcri-
tes & miſes à la veue des eſtrangers, ſe-
roient mieux en la plume.

Pag. 35. b. Il fera bien toutesfois, ſi le ſer-
uice du maiſtre le permet, de luy en donner aduis auant la concluſiõ, auant le con-
tract paſſé.] *Quod ſi, tali re, legato adeſt facultas*

mittendi nuntios & renuntios ad illos, quorum res agitur, magna cura liberatur, qui habet noua mandata quæ sequatur. chap.49. p.318. Ceste matiere aussi est prinse du chap.50. p.320.

Pag.36. Il est vray qu'il n'y a gueres charge publique où l'on méte d'auätage, &c.] Vous vous pourriez bien tromper. & ne faudroit si hardiment taxer ceste charge, mais enseigner l'Ambassadeur de quele façon il luy est loisible de se seruir du mensonge, suiuant le traicté du chap.46. duquel l'argument est tel, *Cuiusmodi mendacium vitare legatus, cuius item subsidio vti possit.*

Pag.36. b. Qu'il soit donc veritable en ses paroles,&c.] *Ergo volo legatum niti veritate, certissima virtutum, eiúsque fido comite parciloquio.*

Pag.38. Aucuns l'excusent sur le commandement du maistre.] *Tali mēdacio tam princeps, quàm principis iussu legatus vti potest.* Et apres, *Quid, quòd interdum in magno mendacio positum est omne momentum legationis? &c.*

P.38. b. Mentir & dissimuler sont marques certaines d'vn cœur non noble, & d'vn homme mal né.] *Vtrumque* [*mendaciū*]

F ij

car Monſieur Paſchal en fait de deux ſor-
tes, *eſt hominis mirè inquinati.* chap.46.page
302.

Pag.39. Les Gabaonites mentoient,&c.]
Vous auez treuué tous ces exemples re-
cueillis au chap.46.&tout ce que vous dites de la menterie:& n'auez eu autre peine que de mettre la main ſus, & copier
plus d'vne page entiere.

Pag. 40.b. C'eſt pourquoi aucuns
d'eux me prierent de dire au Roi qu'ils
auoient beſoin d'vn treſorier auec de l'ar-
gent, & non d'vn Ambaſſadeur auec des
paroles.] Vous n'eſtiez pas dóc a l'Ambaſſadeur, puis que vous vous chargiez des
creances des particuliers, pour en faire
voſtre rapport au Roi. Car cela n'apartiét
qu'a celui qui de ſoi a charge. Que ſi vous
eſtiez a l'Ambaſſadeur, vous ne deuiez
accepter charge que de lui. Mais puis que
vous faictes ici monſtre de vos pouuoirs
& autoritez de iadis, vous voulez qu'on
penſe que vous meſmes eſtiez en charge.

Pag. 40.b. Aucunes inſtructions ſont li-
mitees, les autres au pouuoir de celui qui
eſt enuoié.] Toute ceſte matiere des inſtructions eſt prinſe du chap.17. ou ſont

employees les distinctions qui y sont necessaires. & si vous l'eussiez simplement
traduite, elle seroit distincte, non brouil-
lee, comme elle est.

P.41. Qu'autant qu'il lui sera possible,
il emploie les paroles, termes, raisons, &
conclusions portées par son instruction,
buttant tousiours à la volonté de son maistre.] *Legato enim ad regiæ, publicæue voluntatis*
interpretationem dirigenda sua sententia est.
chap.17 p.110.

P.41.b. Mesmes l'Ambassadeur doit
desirer que sa charge lui soit baillee par
escrit, quand l'affaire qu'il va traitter est
de grande consequence, & que le subiect
en est odieux.] Il n'est pas question de cela. Car on presupose tousiours que l'Ambassadeur est fondé en pouuoir & instruction. Mais Monsieur Paschal au chap.52.
p.329. qui est le lieu dont vous auez prins
ceste matiere, sans toutesfois la represen-
ter en sa syncerité, fait vne demande, sçauoir quand vn ambassadeur doit mostrer
son instruction. Il respond que cela se faict
en cinq cas, lesquels il specifie, dont le
dernier est representé en ces mots, *Quinto*
& vltimo, cùm legatio est odiosa, nequepotest edi

F iiij

nifi fimili oratione. Tunc enim monitu meo fapiet legatus fi abftinebit verbis malè ominatis, quæque cenfentur malignè prolata ; ne cui bilis mota eft, immemor iuris gentium, ipfum ludos peffimos dimittat. Ad hoc, præcidendæ funt omnes caufæ querendi, infolefcendi, &c. Donc le confeil qu'il donne a l'Ambaffadeur eft, non qu'il prenne fes inftructions & memoires par efcrit, comme vous le dictes ici, car en toutes affaires a grande peine s'en faict-il autrement, mais quãd l'affaire eft odieu-fe, qu'il recite & prononce les propres mots de fon inftruction, lifant en icelle, mefmes la mettant en main de celui de-uers lequel il eft enuoié. En lieu de cet expedient qui eft bon & falutaire, vous dictes que quand l'affaire qu'il va traicter eft de grande confequéce, ou que le fub-iet en eft odieux, en ce cas il fera bié con-feillé de bailler fon dire par efcrit, en lieu de dire, en ce cas il fera bien confeillé de faire voir fon inftruction, & ne rien pro-ferer de fa bouche que les propres ter-mes d'icelle, comme firent les Ambaffa-deurs du Senat enuoiez a Antonius, & celui de Pologne, l'exemple duquel vous alleguez peu apres. C'eft ainfi comme il faloit escrire ce passage.

Pag. 41. b. Comme firent ceux que le
Senat enuoia deuers Antoine.] Ceux-ci
ne donnerent seulement leur dire par
escrit, mais leur escrit n'estoit autre chose que leur instructiõ, Tout cela est prins
de ces mots: *Tali re ipsissima verba mandato-*
rum è scripto recitantur, aut scriptum ipsi princi-
pi, aut senatui traditur in manus, documentum fi-
dei, & religionis. Legati Senatus ad Antonium
veriti, vt Appianus ait, τῶν ἐντολῶν τὸ ἀλλόκο-
τον, nihil ipsi Antonio dixerunt, sed mandata Se-
natus ei porrexerunt, vt illinc ipse narraret sibi
decretum ordinis amplissimi. chap 52. p. 330.

Pag. 42. Exemple au faict de la guerre
en Posthumius, Manlius, & autres Romains, &c.] *In re quidem militari quàm tutum*
sit egredi iussa summi ducis, dura illa, & inexora-
bilia pectora docent, Epaminondæ, Manlÿ, Post-
humÿ, Sempronÿ. chap. 48. p. 310.

Pag. 42. Methrodorus enuoié de la
part de sõ maistre Mithridates,&c.]Tout
ce passage est tourné de ces mots qui sont
au chap. 54. p. 336. *Tam scelerosus fuit Methro-*
dorus quidam Scepsius ad Tigranē à Mithridate
missus, &c. Combien que cet exemple
n'est par vous bien appliqué ni à propos.

Monsieur Paschal traictant ceste question, si vn Ambassadeur a qui on demande conseil, le peut donner d'vne façon
comme Ambassadeur, & d'autre comme
ami, respond que non, & deteste ceste
diuersité de côseil prouenant d'vne mesme bouche, comme vne meschanceté si-
gnalee. Et a ce propos il allegue l'exemple
de Mithridates, qui chastia Metbrodorus
son Ambassadeur, pour auoir vsé de ce
traict. Vous monstrez en ceste page, que
vous n'entendez aucunement ceste the-
se, & aussi peu l'exemple qui la confirme.
Mesmes apres auoir transcrit cet exemple, vous adioustez ces mots, et disoit bié.
Car son maistre se fut bien passé d'vne si
hazardeuse entreprinse. Ie vous prie que
voulez vous dire? Tigranes n'estoit pas
son maistre, mais celuy deuers lequel il
auoit esté enuoié. Et ie dis au contraire,
qu'il disoit mal comme vous apres luy, &
à son exemple. Et ne le peut-on excuser,
que par ces mots il n'ait commis perfidie
contre son maistre.

Pag. 43. Les Atheniens firent mourir
les ambassadeurs qu'ils enuoioient en Ar-
cadie, pour auoir prins autre chemin
qu'il

qu'il ne leur auoit esté commandé.] *Hoc
sciri voluerunt Athenienses, qui legatos suos mis-
sos in Arcadiam, quanquam re bene gesta, &
laudis compotes, domum reuersos capite punierūt,
quod alio quàm quo ipsis mandatum fuerat, iti-
nere ierant.* chap. 48. 311.

Pag. 44. Aussi y a il des affaires si impor-
tans, si vrgens, si precipitez, qu'il est expedient de commettre tout a la prudence
de l'ambassadeur.] *Sæpe tali loco res est, vt
super ea nihil certi scripto comprehendi possit, sed,
videlicet, mittitur legatus ex re consulturus.* cha.
17. p. 109.

Pag. 45. Il aura pareillement cet aduis
de moi, que par trop de diligence, & affection il ne donne ou augmente le soup-
çon que l'on pourroit auoir du sujet de
sa venue; & ne le descouure par trop d'artifice & de langage.] Cet aduis ne vient
de vous, mais de ce passage. *Has [suspiciones]
legatus ab sese segregare debet; ne purgatione ac-
cersita, nimiúmque accurata locus difficultatibus
quæsitus videatur.* chap. 43. p. 290.

Pag. 45. Les grands preparatifs de celuy qui crainct d'estre attaqué, font croire sa peur, & sa peur augmente le cœur à
son ennemy.] *Nempe extraordinariæ sollicitu-*

G

dini noſtræ comes it aliena fuſpitio. Et inſolitus propugnandi apparatus arguit latentem metum. Et ex metu noſtro inimicus creſcit audacia. chap. 43. p. 290.

Pag. 46. Nous diſons donc que pluſieurs choſes doiuêt eſtre laiſſees a la diſcretion d'vn prudent Ambaſſadeur, ſans luy lier ainſi la langue & les mains.] *Porrò hæc illis tantùm legatis præcipiuntur, quibus non conſtat regula verborum; atque ipſis permiſſum ʋt mandata edant ea ratione & oratione, quæ ipſis domi nata eſt; quámque rei, quæ agitur, conuenientem putant.*

Pag. 46. L'induſtrie & la diligence ſõt de nous, & l'heureux ſuccez eſt du Ciel.] *Non tamen quæro an legato deſit ſucceſſus, dum ei non deſit fides. Hæc eſt in manu cuiuſque. Felicitas cœlo dèmittitur.* chap. 70 p. 462.

Pag. 46. b. Le reſpect & la ciuilité qu'il ſe promet, eſt reciproque de ſa part.] *Hãc beneuolentiam legatus expedita comitate & moderatione remunerari debet.* chap 24. p. 161.

Pag. 47. Sa diſcretion, laquele il doibt auoir pour guide & maiſtreſſe en toutes ſes actions.] *Prudentiæ, cuius ductu ne in tenebris quidem errari poteſt.* p. 160.

Pag. 47. Vſa de paroles ſi peu ciuiles,

qu'il offensa chacun ; & ne creut-on pas que sa creance portast ce langage.] *Equidem aio, in persona legatorum merito retūdi posse immanem barbariem illorum, qui, obtentu legationis, aliis contumeliam impudenter dicere, forte & nec opinanti pericula struere sibi licere putant. Atroci legationi & contumeliosæ sapienter opponitur dignitas & constantia,* & ce qui s'ensuit. chap. 21. p. 148.

Pag. 47. Antoine fit fouetter l'ambassadeur d'Auguste pour auoir parlé a Cleopatra auec trop peu de respect.] M. Paschal n'a pas allegué cet exemple, mais il ioinct a ce precepte le faict de l'Empereur Alexandre Seuere, au chap. 21. p. 148.

P. 47. b. C'est vne histoire remarquable de l'vn des deux ambassadeurs que ceux de Thebes auoient enuoié au Roi Artaxerxes, lequel voiant l'honneur trop grand, & proche d'adoration que l'on rendoit a ce Roi, pour n'estre reprins d'en auoir trop, ou trop peu faict, feignit en le saluant de releuer son anneau, qu'il auoit expres laissé cheoir a terre] Monsieur Hotman, recueillez vn peu vos esprits pour attentiuement considerer ce que ie vous vais dire. Vous dites que quelquesfois les Ambassadeurs s'appuians de la grandeur de leurs maistres s'oublient, & sur tout ceux qui sont nourris és estats populaires,& qui sont accoustumez a vne liberté de parler, comme iadis les Romains. Et pour verifier ceste proposition, vous alleguez l'exemple d'vn ambassadeur de Thebes, lequel pour ne se submettre à l'adoration Persienne, & neantmoins pour n'offenser le Roi des Perses, treuua vn expedient de laisser cheoir vne bague, afin que s'inclinant pour l'amasser, le Roi peut interpreter cet acte pour l'adoratiõ qu'on auoit accoustumé lui rendre. Ie vous prie quele affinité a cet exēple auec vostre proposition? Quand vous ne vous departez du *Legatus*, ce que vous dites ne chancelle aucunement. Mais tout aussi tost que vous perdez ceste guide, & y emploiez le vostre, vous ne sçauez plus ou vous en estes. Monsieur Paschal traictant de l'arrogance d'aucuns potentats, qui ne se contentans d'estre honorez & saluez cõme le doiuent estre les Princes, veulent estre adorez comme des Dieux, donne conseil a l'ambassadeur de quele façon il se doibt comporter en-

uers teles gens, & sur tout il l'admone-
ste d'euiter tant qu'il lui est possible, vn
tel rencontre. A ce propos il allegue la
constance & la valeur de Conon Athe-
nien, lequel par lettres & messages des-
pescha les affaires qu'il auoit auec Artaxerxes sans venir en sa presence. Il adiouste aussi vn exemple de pareille magna-
nimité de Simeon Euesque de Seleucie.
Et comme il propose ceux ci pour estre
imitez, & le dire de Sophocles dont vsa
Pompee à la fin de ses tours, pour estre
retenu par l'ambassadeur, aussi il ne peut
aprouuer le faict de cet ambassadeur de
Thebes, qui cuida garder la dignité de sa
republique, & neantmoins ne mescon-
tenter le Roi. En quoi il se trompa bien
lourdement, & faisant le fin, comme it vn
acte indigne. C'est donc a ce propos que
vous debuiez alleguer cet exemple, non
vous esgarer si estrangement, comme
vous faictes, collant les matieres l'vne a
l'autre, ainsi qu'elles se presentent, non
de la façon qu'elles doibuent estre ran-
gees. Nous verrons en ce lieu de quele
repartie vous vserez. I'ai opinion que
vous y serez bien empesché.

G iij

P. 47. b. Qui font accouftumez a vne liberté de parler, comme iadis les Romains] Voici vn mauuais comme. Ceux qui font mediocrement verfez en l'hiftoire Romaine, fçauét que les Romains, mefmes du temps de la liberté, ne furent iamais eftimez caufeurs & babillards. Ce comme, eftoit plus propre aux Grecs.

P. 47. b. De l'vn des deux Ambaffadeurs, &c.] Dites vous qu'ils eftoiét deux? Mais & Plutarque & Ælian difent qu'il n'y en eut qu'vn. De faict, cependant que l'vn des deux fe fuft encliné pour ramaffer fa bague, que fuft deuenu l'autre? quele contenance eut-il tenu ? fe fuft-il cependant tout feul tenu de bout? ou bié euft il couru apres la bague comme l'autre? Vraiement c'euft efté vne plaifante farce iouee deuant vn grand Roi par deux Ambaffadeurs, de les voir tous deux courir apres vne bague. Ce font les abfurditez où tumbent ceux qui n'efcriuent du leur, mais fagotent indifferemment tout ce qui fe prefente, pourueu qu'ils en puiffent barbouiller le papier.

Pag. 48. Auffi du temps de nos peres vn Seigneur.] Cet exemple eft autant à propos que le precedent.

Pag. 48. Au contraire Timagoras, &c.]
Timagoras? Vous voulez dire Euagoras.
Car ainsi est-il nommé par Athenee. Puis
que vous vous meslez de copier, copiez
donc sans faillir.

Pag. 48. Fut reprins] Mais puni de mort,
d'autant qu'aiant esté enuoié en ambassade par les Atheniens deuers le Roi de
Perse, il l'adora.

Pag. 49. C'est qu'il n'accepte charge ny
commission d'autre que de son maistre.]
Qui loco & imperiis, & rebus discreti sunt, horum
legationes ab vno eodémque simul obiri posse, id
pernego. chap. 15. p. 97.   Et peu apres, *Ergo*
vtramque legatus non magis sustinere potest,
quàm eodem momento esse duobus locis.

P. 49. L'ambassade & la comedie sont
choses dissemblables. Il n'y peut pas
iouer diuers personages soubs diuers
accoustremens.] *Ne histrio quidem, nisi muta-*
ta persona, concinnè mutat partes, nedum vt le-
gatus possit. chap. 15. p. 97.

Pag. 49. De peur qu'il ne lui en prenne
comme a vn ambassadeur enuoié vers
l'Empereur, lequel estant prié par vn
Cardinal, &c.] Monsieur Hotman, ie

vous prie dites nous qui est cet Empereur,ce Cardinal,cet ambassadeur. C'est
vne petite histoire que Monsieur Paschal
a aprins de la bouche de l'vn de ses
amis, laquelle sert merueilleusement.
a son propos, & laquele il raconte sans y
auoir voulu emploier aucun nom. Ce
que toutesfois il pourroit. Non pas vous
qui l'auez entierement transcripte, sans
en entendre le fonds.

Pag. 49. b. Non plus qu'a son retour de
sa charge il ne doit apporter creance, ni
message de celui auquel il auoit esté enuoié,&c.] Monsieur Paschal faict ceste
question, suiuant en cela Conradus Bru-
nus, l'autorité duquel il cite en ce passage & ailleurs. Et y adiouste quelque chose du sien que vous auez representé en
ces mots, & pour affaire commun entr'
eux. *Ego insuper addo , posse accipi ob commune
negotium iam cœptum, nondum peractum , quod
confieri non minus interest accipientis, quàm dan-
tis.* chap. 71. p. 470.

Pag. 49. b. Il n'y a point de danger de
lui dire en gros qu'il fera bien d'aprendre
quele est la forme de gouuernement du
pais ou il est, ses limites, sa situation, grandeur

deur & estendue; les mœurs du peuple,
le nombre des places fortes, haures, &
vaisseaux, l'arsenal, les forces militaires
par mer & par terre; ce qui se peut tirer
du pais, &c.] *Omnino si quis quærat, in qua po-*
tissimum parte legatum intendere vires ingenij,
quid ad suos è peregrinatione referre velim, præ-
ter quidem pedem, & caput eius negotij, ad quod
missus est, hoc à me auferat, vt pernoscat copias
illius imperij, reiuepub. quam adiit, hoc est, equita-
tum, peditatum, robur animorum, vires corporum,
genus armorum, disciplinam, ærarium, vber soli,
annonam, opes, inopiam, interiora, exteriora, inge-
nia, virtutes, vitia; aditus ad prouinciam qui fa-
ciles, qui difficiles, vicinas & conterminas gentes.
chap. 74 p. 498.

Pag. 50. Il doit aussi veoir les principaux
Conseillers, les Secretaires d'estat, & entr'autres celui qui a le departement des
affaires estrangeres; les traicter par fois,
auec splendeur & affabilité. mais rare-
ment.] Voici vne nouuele philosophie.
Dites vous que l'ambassadeur doibt traiter les principaux conseillers & secretaires d'estat? Cela vraiement iroit bien
pour lui, si on le lui permettoit. Mais on
sçait bien quels es officiers de tele qualité

H ·

n'entrent aucunement chez les ambassadeurs que par le commandement expres de leur maistre. Tant s'en fault qu'ils endurent qu'vn ambassadeur les traicte. Enseignez donc l'ambassadeur a reseruer ceste splendeur & affabilité a vne meilleure occasion.

Pag. 51. b. Il me souuient de feu M. B.] Tout ce compte eust esté mieux dans vostre plume, qu'estendu sur le papier. Ne faictes vous point conscience de draper sur vn mort? mesmes sur vn personage duquel la memoire pour son sçauoir est venerable? S'il estoit viuant, vous ne l'oseriez auoir faict, ou bien vous treuueriez a qui parler. On verroit vne cheure se prendre a vn lion, ou vn hibou a vn aigle.

Pag. 52. Au dos de la loi Salique.] Vous pouuiez bien treuuer des exemples d'vne tele repartie ailleurs, qu'aux despens de la loi Salique. Vous vous fussiez bien passé de la mettre en la bouche des estrãgers. Ie ne m'estone plus si vostre liure est traduit en Anglois.

Pag. 53. C'est le traictement de table, qui oblige beaucoup de gens, & sur tout

ceux qui pour auoir vne repeue franche,
&c.] *Quippe iſti legati corruptrice lautitia apud
captatricem menſam deligant roſtrum aulicorū
manduconum.* chap.69.p.453.

Pag.53.b. Ou tirer quelque douzaine
d'eſcus de l'ambaſſadeur.] *Quibus ipſis ſæpe
dantur munera mellita, & ſtrenæ vncinatæ, quibus capientes capiuntur.*chap.69.p.453.

Pag.54. I'en ai veu faillir d'autres de
deſir qu'ils auoient de faire nouueles de-
peſches. Car ils eſcriuoient tout indifferemment, faulx ou vrai.] *Hinc concinnan-
tur literæ ad principem paucis rebus, plurimis
verbis, pari vanitate,&c.*p.454.

Pag 54.b. Si l'ambaſſadeur doibt doner
aduis a ſon maiſtre de tout ce qui ſe dict
de lui mal a propos. Et plus bas p.55. Autre
choſe eſt, ſi en plein conſeil du prince, ou
en chaire publique par les predicateurs,
ou au theatre par les comediens, ou par
eſcrit & libelles il voioit l'honeur de ſon
maiſtre diffamé, &c.] Vous auez ici ap-
porté du deſguiſement & des exemples
& termes propres aux façons de faire de
ce temps. Mais tout eſt prins de ces mots,
*Quorum omnium ipſe tacitus obſeruator, quæ vi-
ſum fuerit imo pectore condet; ſed non tacitus cū*

H ij

legationem renuntiabit, præteribit. Talium non equidem ſuadeo vt quærantur occaſiones, ſed ne forte oblatæ poſthabeantur. cupidè etiam arripiantur, ſi in eo, quicquid eſt, latent ſemina motuum. chap. 24. p. 161.

Pag. 55. b. Comme cet Ambaſſadeur Romain, auquel en plein theatre ceux de Tarente ietterét de la fange & de l'vrine.] *Legatio Romana Tarentum miſſa obſcœnè à Tarentinis violata eſt. Nam ſacra legati veſtis, inſpectante populo, à quodam ſcurra ſordibus fœdata fuit, &c.* chap. 20 p. 142.

Pag. 58. Si l'ambaſſadeur veut tirer honneur de ſa charge, il eſt raiſonable qu'il lui face honneur, & qu'il ſoit ialoux du rang & place qui eſt deu a ſon maiſtre.] Toute ceſte matiere eſt prinſe du chap. 59. p 374 duquel l'argument eſt tel, *Legato ſuus locus tuendus, eóque aſſerenda dignitas legationis.* Et dans le texte en la meſme page, *Id quod potiſſimùm eò pertinet, vt is ſit loci ſui animoſus aſſertor, virilitérq; propulſet omnem iniuriam ſiniſtræ, aut inferioris ſeſſionis.*

Pag. 58. b. Auſſi Arſaces fit mourir ſon Ambaſſadeur pour auoir quitté ſon rang a Sylla, ce dict Plutarque.] Plutarque raconte ceſte hiſtoire au long, & en dict les

causes. Monsieur Paschal l'a redigee a peu
de mots que vous auez transcrits. *Oroba-*
zus legatus Arsacis, quòd Syllæ loco cessisset, ius-
su regis interfectus est. chap.76.516.

Pag.62. Ce qui fut cause qu'vn Ambassadeur de France estant a la porte du
grand Seigneur fit vn pas de clere, &c.]
Si vous eussiez leu les histoires, elles vous
eussent prou fourni de tels exemples, sans
alleguer cestui ci aux despens d'vn ambassadeur de France. Mais ce n'est merueilles, puis qu'en vostre epistre dedica-
toire vous auez bien osé dire que les
estrangers s'acquitent souuét trop mieux
de cette charge que nous. Les ambassadeurs du Roi vous diront que vous estes
trop hardi.

Pag.63. Et quand les hommes n'en ont
fait la punition, il s'est remarqué de siecle
en siecle que Dieu n'a laissé ce forfaict
impuni.] *Quisquis ad legationem facto, dicto,*
nutu, voto. violandam accingitur, ab hoc si non
homines, at numina, quorum sub tutela sunt iura
gentium grauissimas poenas expetunt. chap.20.
p.137. Les exemples que vous alleguez ici
en abregé, sont amassez & representez au
mesme chap.20.

H iiij

Pag. 63. Dauid guerroia, defit & fub-
iuga les Ammonites pour ce fubiect.]
Legati Dauidis ab Annone rege Ammonitarum
pro fpeculatoribus habiti sût. Iniuriæ accefsit con-
tumelia, & ce qui s'enfuit. chap. 20. p. 137.

Pag. 63. b. Mefmes vne refponfe rude &
hautaine, vn rebut & immodeftie faite à
des ambaffadeurs a efté quelquesfois
caufe d'vne ouuerture de guerre.] Ceci
n'eft qu'vne repetition, *Ob folam contume-*
liam verborum imperia ad vltionem acerrimè
exardent. chap. 20. p. 134. & 135.

Pag. 63. b. Comme fut la Dalmatique,
de laquele Nafica fut chef.] Il faloit ainfi
traduire, de laquele Scipion Nafica vint à
bout. *Bello Dalmatico, cuius patrator fuit Scipio*
Nafica, caufam dedit immodeftia refponfi dati le-
gatis Romanis. chap. 20. p. 135. Il vous eft aifé
de dire vne longue hiftoire en peu de
mots, tranfcriuant ce qu'en a efcrit celuy
qui a prins cefte peine.

Pag. 63. b. Et long temps apres celle de
Simon Roy de Bulgarie côtre Alexandre
Empereur de Conftantinople.] *Et Simon*
Bulgarus infeftis armis iit in Alexandrum Impe-
ratorem Conftantinopolitanum ob fuos legatos
parum honorificè, atque adeò fuperbo refponfo ex-

ceptos. chap.20.p.135.

P.64.Le grand Africain renuoia ceux de
Carthage, ores que leurs maiſtres euſſét
violé le droit des gens és perſones des
ambaſſadeurs Romains.] C'eſt auſſi vn
ſommaire d'vne longue hiſtoire d'Appian
Alexandrin que Monſieur Paſchal a abregé en ces mots ; *Quidam ex legatis Scipionis*
Carthagine redeuntes à Carthaginienſibus occiſi
ſunt. Scipio , deuicto Annibale, Punicis legatis
pacem ſuppliciter petentibus diſertim tantum ſce-
lus exprobrauit , & Carthaginienſes nouiſſima
exempla meritos dixit. Quanquam in eo cognita
eſt clementia Romana , quod Carthaginienſium
legatis, qui, cùm hæc nuntiata ſunt, Romæ erant,
non aliter vices redditæ , quàm vt dimitterentur
ſicuti hoſtes. Atque adeo iſti cùm incidiſſent in
caſtra Scipionis, ab ipſo quoque inuiolati ſunt di-
miſſi. p.143. Ie vous repete que le ſommaire des exemples que vous traduiſez, veri-
fient aſſez que vous ne les auez tirez de
leurs ſources, mais de ceux qui ont prins
la peine de les y puiſer. c'eſt ainſi qu'en
font ceux qui ſe contentent d'effleurer
les eſcrits d'autrui.

Pag.64. b. Ce reſpect que la loi des
gens(i'ay cuidé dire de nature)a imprimé

és eſprits des hommes.] *Neq; enim iura belli dirimunt ea vincula, quibus mortalium mētes natura conſtrinxit* chap. 19. 132.

Pag. 65. Iadis les ambaſſadeurs Romains ſe contentoient de porter ſur eux certaines herbes qu'ils appeloient *ſagmina*, dont ils furent dits *ſancti.* Et peu apres, Cette ſeule marque pour lors les rendoit inuiolables, & reſpectez parmy les barbares meſmes.] Non ſeulemét l'herbe *ſagmina*, mais auſſi la verbenaque les rendoit inuiolables, teſmoin Pline au liure 22. chap. 2. & Hegeſipp. liu. 1. chap 36. cóbien qu'aucús n'en font qu'vne. Mais à la verité elles eſtoient deux, comme ie le pourrois verifier, ſi ie voulois.

P. 65. Ce priuilege leur eſtant donné non pour offenſer aucun, mais pour n'eſtre offenſez. & en la premiere edition, *In hoc datum ius gētium, non vt lædant alios, ſed ne ipſi lædantur,* ce dict vn moderne.] C'eſt grand cas, que vous euitez le nom de Monſieur Paſchal comme vn eſcueil. Et qui eſt ce moderne, ſinon celui le labeur duquel vous n'auez fait conſcience d'emploier pour voſtre, ſans ſeulement vouloir qu'on en entre en ſoupçon ? Voici donc le

le texte de Monſieur Paſchal : *Neque enim
ius gentium protegit legatos , vt ipſi, tanquam ex
inſidiis, & quodam munimine, quos lubitum erit
deſtinent ad iĉtum, ſed in hoc ſolùm ne ipſi lædantur.* chap. 21. p. 146.

P. 65. b. Vne legation ſuppoſee eſt de
tant plus puniſſable, que ſouuent il y va
de la ruine d'vn eſtat.] Ces mots ne ſont a
propos. Il n'eſt ici queſtion d'vne ambaſſade ſuppoſee, mais d'vn vrai ambaſſadeur, qui trahit ceux par deuers leſquels
il eſt enuoié. Vous n'appliquez donc nul-
lement bien ces mots du *Legatus*, quoy
qu'a plus pres vous les repreſentiez en
François, *Et quidem loquor de vero legato, non
de ſubdito, eoque qui falſa mãdata attulit. Quippe
hic lædit maieſtatem publicam, ac ſicuti ſpecula-
tor infenſiſſimè exturbandus eſt.* chap. 66. p.
418.

Pag. 65. b. On vouloit ſçauoir s'il ſeroit aduoüé de ſon maiſtre ou non.] Vous
parlez de ceci, comme ſi vous euſſiez
marqué ce que vous dites dans quelque
ancien. Et ie vous dis que c'eſt vn conſeil
que Monſieur Paſchal dõne en ces mots,
*Expiſcandum ab eo eſt , iuſſu an iniuſſu legationĕ
polluerit tanto ſcelere.* chap. 66. p. 425.

I

Pag. 66. Ceux qui se treuuoient ainsi desaduoüez, &c.] Qu'est-ce que vous dites? Ce n'estoiét pas les desaduouez qu'on liuroit. Au contraire on les punissoit non seulement comme faulsaires, mais aussi comme coulpables du crime de leze majesté. Oyez ce qu'en dit Seneque *controu. lib. 2. cap. 2. Is lædit populi Rom. maiestatem qui aliquid publico nomine facit, tanquam si legatus falsa mandata affert, non aliter quàm si populus Rom. dederit.* Ceux donc qui emploioient le nom & l'autorité d'vn Prince ou d'vne republique a faulses enseignes n'estoient pas deliurez, mais punis sur les lieux. Ceux qu'on deliuroit estoient ceux lesquels outrepassans les bornes de leur charge, quant & quant faisoient vne insigne iniure a ceux ausquels ils auoient esté enuoiez. L'exemple en est aux trois Fabiens, qui estoient vraiement ambassadeurs, & toutesfois n'auoient charge de venir aux mains. Ce que neantmoins ils firent. C'est pourquoi les Gaulois requirent qu'ils leur fussent deliurez.

Pag. 66. On les liuroit & abandonoit a celui qu'ils auoient offensé, ou bien a son maistre.] *Præcipuè expiatur hoc scelus læsæ lega-*

tionis dedendo eos , quorum manibus patratum est, sicuti victimas piaculares. chap. 20. p. 145. Et en vn autre endroit, *prisco more dedebantur. Ad quod exemplum Galli petierunt tres Fabios sibi dedi, &c.* chap. 66. p. 425.

Pag. 66, La feu Roine d'Angleterre n'vsa de main mise , ains lui donna quinzaine pour sortir hors d'Angleterre.] C'est l'expedient auquel Monsieur Paschal dit qu'on doit auoir recours en teles difficultez, voila ses termes, *Hæ proditiones simulát que deprehensæ sunt, legatus palam est conuincendus. Conuictus ad suos remittendus, eíque disertim denuntiandum vt propere facessat ab oculis conspectúque hominum. &c.* chap. 66. p. 425.

Pag. 66. Disant qu'en vain se iette dans la franchise des gens celui qui viole le droict des gens.] Tout ce que vous dictes ici est entierement prins du chap. 66. p. 419. *Sis qui iuste piéque legatus venit, coiit, coniurauítque quo labefacturi imperium, quòd adiit, póssit, hic verò fidem rupit, à iure gentium longè recessit, læsit publicam maiestatem.*

Pag. 66. M'ayant fait l'honeur de m'en demander mon aduis.] Qu'on croie que la Roine d'Angleterre aie mandié vostre

conſeil en vne affaire tant eſpineuſe, &
d'vne ſi grande conſequence ? ô vent &
vanité, que tu entres en la teſte meſmes
des moindres.

Pag. 66. Ie leur dis, &c.] Il n'y a rien de
plus veritable que les predictions des
Poëtes, d'autant qu'ordinairement elles
ſe font pluſieurs ſiecles apres les choſes
aduenues, c'eſt a dire apres que l'effect
& l'experience ſont enſuiuis. Auſſi il n'y a
rien ſi aiſé que de donner conſeil apres
le faict.

Pag. 66. Ie leur dis que le plus expedient, &c.] Vous eſtiez donc vn oracle en
ce pais la.

Pag. 66. Que le plus expedient & ordinaire moien, & le plus ſalutaire eſtoit d'en
aduertir ſon maiſtre, & attendre l'adueu
ou le deſadueu.] Encores ſi vous leur euſſiez dit quelque choſe de bon. Mais il eſt
bien certain que vous ne leur diſtes rien
qui vaille. Car dequoi vous ſeruira d'aduertir ſon maiſtre, ſi ce pendant l'eſtat eſt
en danger? Le vrai expediét en telles difficultez eſt celui que propoſe Monſieur
Paſchal audit chap. 66. p. 425. que i'ay allegué ci deſſus, par lequel on pouruoit pró.

ptement a la seurté de l'estat. Autre chose est quand l'ambassadeur est auteur de
quelque autre crime, comme d'vn meurtre, d'vn assassinat, ou semblable excez
qui ne regarde l'estat. Car en ce cas Monsieur Paschal n'est pas d'aduis qu'on en
vse de mesme façon comme on feroit en
crime de leze maiesté. Voici son aduis,
Censeo de ipso querendum apud ipsum, hoc est, de
homine nequam apud illum, qui legatione fungi-
tur. Insuper omnis res illi indicanda, cuius legatio
est, petendúmque vt in vltionem rei atrocis seuerus
Vindex insurgat. Hæc tam grauis expostulatio so-
lenni ritu ad ipsum mittenda est, vt hinc magnitu-
do delicti, atrocitas iniuriæ, & acerbitas doloris
æstimari possit, &c. chap. 67. p. 430. Vous
auez confondu l'vn & l'autre crime. Et
n'en entendez aucunement la distinctió.

Pag. 66. b. L'on leur fit aussi considerer
que le delict estoit simplement projecté
non executé, non consommé, comme di-
sent les Legistes.] C'est vne cósideration
ridicule en matiere d'estat, cele que vous
proposez en ce lieu, qui est de considerer
si le delict est consommé ou seulement
proiecté. Ce n'est de mesme comme d'vn
meurtre, ou d'vn adultere. Car si le crime

I iij

de trahison est vne fois commis, c'en est faict. Il n'y a plus de remede, vous voila en la pate & a la discretion de vostre ennemi. C'est pourquoi en matiere de leze Maieste *eâdem seueritate voluntatem sceleris, qua delictû puniri iura voluerunt. l. Quisquis C. ad l. Iul. Maiest.* Le crime proiecté est perpetré.

Pag. 66. Et certes chacun n'apporte pas en tel affaire la froideur & prudence d'vn Senat Romain] *Et adhuc ita loquor, tanquam mihi ausculcent illi, à quibus in hoc æstu exigo moderationem. Sed magnitudine periculi vel ipsa mitissima pectora asperari satis constat, eoq́, decurrere non quò ratio ducit, sed quò cupido vltionis impellit.* chap. 66. 422.

Pag. 67. b. N'y aiant priuilege aucun du droict des gens qui le puisse garentir, &c.] Ce n'est qu'vne repetition de ce qui a esté dit ci dessus.

Pag. 67. b. Ce que ie dis aplus forte raison, puis que Procopius en son histoire des Gots faict dire par Theodeadus aux ambassadeurs de Iustinian, qu'vn attentat a l'honeur d'vne femme, ou vne indignité faite au Roi par vn ambassadeur merite chastiment.] Vous induisez tresmal ce passage que vous auez transcript

du *Legatus*, & l'alleguez pour faire vn argument qu'on appele du moindre au
plus grand. Voila donc ce que vous voulez dire. Si vn attentat faict a l'honeur
d'vne femme, ou vne indignité faicte a vn
Roi par vn ambassadeur merite chastiment, a plus forte raison deuons nous dire, qu'il doit estre puni quand il commet
crime de leze majesté. Sur quoi, ie vous
dis que la proposition de Theodahadus
est faulse. Dautant que par les raisons ci
dessus alleguees il n'est aucunement loisible de toucher a la personne d'vn ambassadeur pour quelque cause que ce
soit, pour ne commettre les deux estats,
& les faire tumber en de grands incon-
ueniens. Non qu'en matiere de femmes,
& mesmes de roines & princesses, ie n'e-
stime la generosité de ceux qui ont mesme tué des ambassadeurs sales, impudics,
impudens & licencieux, dont il y en a de
beaux exemples au chap. 57. Mais ie dis
aussi que quand cela aduient, c'est vn
malheur, & ne s'ensuit pourtant que le
dire de ce Got soit veritable, & qu'il le
faille prendre pour maxime d'estat, côm-
me vous faictes, & la dessus induire &

forger vne doctrine du tout faulse. Tant
s'en fault donc qu'il se faille seruir du dire de Theodahadus, comme de reigle, &
pour autoriser vn acte semblable, qu'au
contraire Monsieur Paschal l'allegue ex-
prés, afin qu'on s'en done garde. Comme
aussi il met en auant le dire d'vn autre
Got, qui est aussi faulx comme cestui-ci.
Neque verò Totila verior aut mitior, cùm Pela-
gio legato Rom. in os dixit, Honorem haberi le-
gato illi, qui si vera promptsit, mittitur ad suos. Sed
illi ignominiam addi qui commentitia loquitur.
A cela il dit, *Falsum hoc, & commentitium, &*
impudens dictum est, & ce qui s'ensuit, ou sõt
emploiees les raisons de ceste refutatiõ.
chap. 428.

Pag. 67. b. Autant leur sert ceste prerogatiue, qu'autant qu'ils demeurent és
bornes de leur debuoir.] *Sed, videlicet, hac*
prærogatiua tutos esse, quoad ipsi ab officio non
recedunt, aux mots de *Theodahadus,* chap.
67 p. 428.

Pag. 68. La plus douce punition seroit
de le chasser & renuoier a son maistre.]
Ceci aussi n'est qu'vne repetition de ce
que dessus. comme aussi ie suis contraint
de vous repeter, que vous auez buriné
toute

toute ceste matiere du chap. 66. & 67.

Pag. 68. b. Le grand Africain.] Voici la
seconde fois où vous parlez ainsi. A la premiere ie n'ai dict mot. Mais puis que
vous recidiuez, ie suis contraint de vous
dire que *superior Africanus* ne veut pas dire le grand Africain. mais on parloit ainsi
pour mettre difference entre cestui-ci,
& l'autre qu'on appeloit *minor*.

Pag. 70. b. Son maistre mesme par la
reigle ci dessus s'en rendroit iusticiable.]
Ne pensez pas qu'en teles occasions le
maistre merite plus de respect que l'ambassadeur. La raison est, dautant qu'vn
prince estant dans l'estat d'vn autre prince ou republique, n'est qu'en la prote-
ction du droict d'hospitalité, s'il y a esté
receu & recogneu, qui faict vraiement
vne partie du droict des gens. Mais celui
qui vne fois a esté receu en qualité d'ambassadeur est d'autant plus en la prote-
ction de ce mesme droict des gens, que ce
n'est pour son plaisir, ou pour quelque legere occasion qu'il est en pais estrange,
mais seulement pour affaires qui regar-
dent le bien & la conseruation des deux
estats. Qui est vne raison relement fauo-

K

rable, que de là il refulte, que l'exemple
eft autant, voire plus pernicieux d'offen-
fer vn ambaffadeur que le prince mefme. Et ne faut treuuer eftrange fi la per-
fone de l'ambaffadeur eft, i'oferois dire,
en plus grande feurté, & en plus grand
refpect que cele du prince. Ce qui n'eft
vn paradoxe, mais vne pure verité. Et
meriteroit vn plus long difcours.

Pag. 70. b. Car il y a bien a dire entre la
dignité d'vn prince & fon autorité.] Combien que i'aprouue ce que vous dites ici,
fi eft-ce qu'il faut adioufter que la perfo-
ne d'vn prince fouuerain, quelque part
qu'elle foit, eft facrofainte, dautant qu'il
reprefente l'eftat que Dieu lui a donné.
Et crois qu'il faut adiouter vn'autre di-
ftinction, Qui eft, ou que le prince eft de
plus grande dignité, ou pour le moins ef-
gal a celui chez lequel il eft. En ce cas le
moindre prince, ie dis celui qui a receu
le plus grand chez foi, le conuie d'vfer en
fon eftat de toutes les marques du pouuoir dont il a accouftumé d'vfer dans le
fien quand il y eft. Comme quand le feu
Roi paffa par Venife, Ferrare, Mantoue,
Piedmont, il n'y a point de doubte que

les princes ou republiques n'entédissent
bien qu'il vsaſt de ce pouuoir. Car l'hoſpitalité faicte a vn plus grand, ou eſgal
preſupoſe tout cela. Ce qui s'obſerue ainſi. Bien entendu que celui a qui on faict
ceſte courtoiſie en vſe auſſi fort ſobre-
ment, & le prend pour vn honneur, non
pour vn pouuoir. De faict, l'Empereur
Charles le Quint ne s'aſſeit au lict de iuſtice qu'apres y auoir eſté conuié par le
Roi: & n'en vſa comme de droict a lui
apartenant, mais comme d'vne courtoiſie
dependante de l'hoſpitalité, dont le Roi
vſa en ſon endroit. Que ſi le Prince eſträ-
ger eſt moindre que celui en l'eſtat duquel il eſt, il ne retient pas les marques de
ce commandement, mais ſeulement celes qui ſeruent à rendre ſa perſonne telement autoriſee, que venant à commettre vn crime par colere, ou autrement, il
n'en ſoit pourtant recherché comme ſeroit vn autre qui n'eſt de pareille ſu-
blimité. En vn mot, l'vn & l'autre eſt vn
reſpect duquel les chefs des ſouuerain̄e-
tez vſent mutuellemét, lequel eſt vraiement beau, grand, & admirable, mais au
deſſoubs de ceſte ſeurté inuiolable & ſa-

crofainѣe, de laquele le droiѣ des gens
enuirone la perſone de l'ambaſſadeur.

Pag. 71. Autant en eſt-il & a plus forte
raiſon d'vn ambaſſadeur qui n'eſt que
miniſtre & ſubiet de ſon prince.] Ie vous
ai deſia dict qu'il ne le faut prendre la.
Car quelque ſacrofainѣe que puiſſe
eſtre la perſone d'vn prince, cele de l'ambaſſadeur ne l'eſt pas moins.

Pag. 71. b. Ici eſt le lieu de la queſtion
que font aucuns, ſçauoir ſi de droiѣ des
gens l'ambaſſadeur a iuriſdiѣion ſur ſes
domeſtiques. En quoi ie ne vois nule ap-
parence, &c] C'eſt la queſtion que faiѣ
Monſieur Paſchal au chap. 68. *An legatus
habeat iuriſdictionem in ſuam familiam.* Ceux
qui ont prins la peine de lire ce chapitre
ont bien peu recognoiſtre qu'il ne s'eſt
aucunement feint en la recherche de
tout ce qui ſe peut dire touchant ceſte
matiere, laquele contient beaucoup plus
de doubte & de difficulté que vous ne
dites ici. c'eſt en la pag. 433. Et c'eſt grand
cas que quoi que vous aiez entierement
butiné & la queſtion generale & les dou-
tes, & les raiſons de decider dudit chapitre, ſi eſt-ce que comme ſoubs main, &

commene voulant eſtre entendu, vous
dites que ce ſont aucuns qui font ceſte
queſtion. Et voudriez bien que les noms
de ces aucuns, ou pour mieux dire de cet
aucun fuſt ſupprimé s'il vous eſtoit poſſible, pour vous approprier ce butin. Mais
celui a qui il eſt y recognoiſt le ſien, & ne
deuez eſperer qu'il le vous laiſſe long
temps poſſeder. Au reſte, voſtre debuoir
eſtoit de dire, que ceux qui font ceſte
queſtion la reſoluent auſſi par meſme
moien.

Pag. 71. b. Or la punition a mort eſt la
ſouueraine marque de ſouueraineté.]
A vous ouir, il ſemble qu'il n'y en ait point
d'autre. C'eſt bien l'vne des ſouueraines.
Mais elle n'eſt pas ſeule. Il faut voir le
chap. 4. p. 14. ou ces marques ſont ſpecifiees.

Pag. 71. b. L'Ambaſſadeur n'a donc pas
plus de droict que ſon prince ou autre
ſouuerain.] *Quod* [*ius coërcendi*] *accipi à non
habente in aliena ditione minimè poteſt.* chap.
68. p. 434.

Pag. 73. Cete regle donc aura lieu, Que
celui ſeul manie le glaiue qui tient le
ſceptre.] Ie veois bien que vous rougiſ-

ſez de honte. Car la verité eſt que depuis
voſtre premiere edition vous auez ſceu
de la propre bouche de Monſieur Paſchal que cette regle n'eſt ancienne, c'eſt
a dire, tiree de la raiſon, & redigee en forme de regle que depuis le temps que
Monſieur Paſchal l'a compoſee & eſcri-
te. Et ie vous ſouſtiens hardiment que ni
vous, ni homme viuant la ſçauroit mon-
ſtrer en aucun endroit de l'antiquité
Grecque & Latine. Et c'eſt bien eſcrire
par cœur, & peu reſpecter les lecteurs,
auoir oſé dire en la premiere edition que
ce trait d'vn moderne eſt vne regle ancienne. Voici dõc les termes du *Legatus*; *Ea*
re nulla manus ferrum tractat niſi illa ipſa quæ
ſceptrum, aut quicquid eſt loco ſceptri. C'eſt a
dire, Nul viuant a droict de chaſtier, ſinon le ſeul ſouuerain. Et ces mots, *aut*
quicquid eſt loco ſceptri, ſont adioutez a cauſe
des republiques, leſqueles ne laiſſent
d'auoir tous les droicts de ſouueraineté,
encores que bien ſouuent elles n'en
portent toutes les marques, comme la
corone, le ſceptre, & autres. Au demeu-
rant, combien que ce traict ſoit de Monſieur Paſchal, ſi eſt-ce qu'il eſt proferé

ſans aucune oſtentation , meſmes auec
beaucoup de ſimplicité , & de clarté, &
ſeulement pour comprendre ceſte doctrine en peu de mots. Quand il n'y au-
roit que ce ſeul paſſage , on void aſſez de
quele ſyncerité vous vſez en cet eſcrit.
Repartez maintenant court & bon,com-
me vous dites. Vous en aurez bon beſoin. Mais voſtre conſcience vous con-
uainc,& la verité vous atteint.

Pag.73.Sinon que les deux Princes en
fuſſent d'accord entr'eux,comme cela ſe
pourroit & deuroit faire és Eſtats fort eſ-
loignez l'vn de l'autre.]*Vt duo,plureſue reges
comparent inter ſe,paciſcantúrque vt ab cuius legatis hoc ius vſurpari contigerit,ei facto nullus ip-
ſorum intercedat.Nempe talium imperiorum ma-
gnitudo,fortéque interuallum,quo diſſita ſunt,ob-
terit illud,quicquid eſt ſuſpicionis, quo inualidio-
res ſæpe præhenduntur,querúntúrque ſua iura, iu-
riſdictionémque violari.* chap.68.p.444.

Pag.73.b. Et ai depuis remarqué.]Que
veut dire ce depuis? vraiement voici vn
hiſteron proteron de bone grace.Depuis
quand auez-vous fait ceſte remarque?
Penſezvous que la verité ſoit autant aiſee
à renuerſer,comme il eſt aiſé de butiner,

& s'approprier l'autrui? Vous voudriez vo-
lontiers faire croire que vostre butin est
plus ancien que la legitime acquisition de
celui lequel vous auez butiné : mais cela
ne se peut. Il faut necessairement, ou que
Monsieur Paschal se soit entierement
serui de vostre liure, c'est à dire qu'il ait
traduit de François en Latin, & emploié
dans son *Legatus* toutes vos inuentions, ou
que vous aiez moissonné les espics de son
labeur. A cela on vous dit qu'il y a sept
ans entiers que le *Legatus* est imprimé, &
qu'il n'y a qu'vn an que vostre extraict a
paru. Ie vous dirai pl⁹. C'est que le *Legatus*
estoit composé, & prest a estre mis soubs
la presse deuant les derniers troubles, durant lesquels Monsieur Paschal n'a eu la
cōmodité de le mettre en veuë. Ce qu'il
a fait aussi tost qu'il a pleu à Dieu nous
rendre la paix. Où a esté cependant vostre auorton d'Ambassadeur? Que veut
dire qu'il ne s'est monstré que six ans
apres? Mais ce ne sont la les seules & indu-
bitables marques de la verité. Reprou-
uez, si vous pouuez, ce que i'ai dit iusques
à present, & ce que ie dirai encor ci apres.
C'est ici la vraie pierre de touche qui des-

couure

couure voſtre cuiure à demi doré, que
vous auez mis en monſtre pour vray or.
Voila ce que veut dire ce mot, depuis.

Pag. 73.b. C'eſt l'aduis de Monſieur Paſchal.] Il eſt aiſé à voir que vous n'auez rié
remarqué de bon en ſon liure que ce
ſeul aduis. Encores eſt-il bien tenu à vous
de ce qu'il vous plaiſt, recognoiſtre qu'en
cet endroict le voſtre eſt conforme au
ſien, ou le ſien au voſtre.

Très-docte conſeiller d'eſtat.] Il a eſté
bié dit que, *Nonniſi artifex de artificie iudicare*
poteſt. Si vous eſtiez docte, vous pourriez
iuger de ceux qui ſont doctes, ou qui ne
le ſont point. Monſieur Paſchal ne mandie voſtre recommandation ; ny le fard
de voſtre louange. Il vous en quitte, & dit
que vous gardiez voſtre plume pour eſcrire voſtre hiſtoire, ſans vous ingerer en
tels iugemens. *Laudare non eſt illaudari.*

Pag. 73.b. En ſon liure de *Legato.*] Eſt-il
poſſible, que vous ayez conſpiré de n'alleguer vn ſeul paſſage en ſa ſyncerité, &
ſans lui tourner le nez? Monſieur Paſchal
n'a pas intitulé ſon liure de *Legato*, mais *Le-*
gatus. Si vous euſſiez cóprins l'importance
de ce tiltre, vous n'y euſſiez rien changé,

vous euſſiez veu qu'il auoit aſſez de charge & de dignité.

Pag. 74. Car eſtans vne fois acceptez
pour ambaſſadeurs, les voila infaillible-
ment dans l'aſyle du droict des gens.]
C'eſt la matiere du chap. 34. p. 238.

Pag. 74. b. Auſſi aucuns les nomment
eſpions honorables. Et peu apres, Henri
VII. Prince entendu, eſtoit ſur le point de
doner congé a tous les ambaſſadeurs reſi-
dens, & ſedentaires, & n'en tenir plus aucun chez autrui.] Monſieur Paſchal a eſté
le premier, qui a librement eſcrit ſon opinion touchant les ambaſſades ordinaires
& reſſeantes, leſqueles il ne peut aprouuer, que moiennant les exceptions qu'il
apporte. C'eſt au chap. 69. p. 447.

Pag. 75. Il faut donc diſtinguer ſi ce ſont
deputez de la part des prouinces ſoubmi-
ſes a vn plus grand Empire, ou ſous la pro-
tection d'autrui, comme celes qui reſpe-
ctoient la grandeur & maieſté du peuple
Romain.] Toute ceſte diſtinction d'ambaſſadeurs, laquele i'oſerois dire que vous
ne comprenez pas bien, eſt de l'inuention
de Monſieur Paſchal. Et eſt par luy traittee au chap. 33. p. 231. notamment en la

p.233. *Nam quorum erant, externos fateor lingua
quidem & natione, non imperio ac ditione. Quippe
quoties hos populus Rom. &c.* & en la pag. 234.
*Quærendum ergo hoc loco, quinam, vigente re
Romana, dicerentur exteri,* & ce qui s'enſuit,
meſmes là, *Harum tamen gentium legationes
quædam eo paratu, quem dixi, excipiebantur.
Aliæ comiter tantùm, vt miſſæ à prouincialibus.
Diſcrimen eſt ex diuerſa conditione populorum,
quorum ſunt tria genera, &c.* Ceſte matiere
eſt auſſi traictee au chap.4. l'argument duquel eſt, *Quid ſit peregre mitti.*

Pag.75.b. Ie n'adiouſterai rien, qu'vn
beau traict qui ſe lit en Plutarque d'vn de
Sparte enuoié vers le chef de l'armee en-
nemie, lequel enquis en que le qualité il
ſe preſentoit, Si, dict-il, i'obtiens ce que ie
demande, ie viens comme ambaſſadeur;
ſinon, comme particulier & ſans charge.
Ie ne pouuois oublier ce beau mot, ores
qu'il ne ſoit de ce ſubiet.] Ie ne me puis
auſſi tenir de vous dire que vous n'euſſiez
pas eſté bon tailleur. Car vous ne ſçauez
aucunement ioindre vos eſtoffes. *Non op-
portunè opportuno vteris.* Si vous n'euſſiez eu
ſi grande enuie de celer vos butins, cóme
vous auez, vous euſſiez apliqué cet exem-

ple à propos & en ſon lieu, comme a faict
Monſieur Paſchal au chap.74.p.494.où il
admoneſte l'ambaſſadeur d'attribuer à
ſon maiſtre toute la louange de ce qui
aura eu bon & heureux ſuccez en ſa legation. A ce propos il dit qu'il faut doner
loiſir au Prince, & aux plus grands de re-
maſcher toutes choſes a loiſir, iuſques a
ce qu'ils ſe rendent capables de la grandeur des ſeruices faits par l'ambaſſadeur.
En ſuite de cela, il dit ces mots, *Polycrati-*
das quidam Spartanus cum aliis miſſus orator ad
duces regios, quærentibus illis vtrum priuatim ve-
niſſent, an publicè miſsi? Si impetramus, inquit,
publicè, ſin minùs, priuatim. Vox Hercule digna
præclaro ciue, & plena charitatis patriæ. Nam de-
cus rei confectæ ciuitati adſignabat, dedecus re-
pulſæ ſibi. C'eſt grād' pitié d'auoir de bones
matieres, & ne ſçauoir comme les emploier.

Pag.76. Meſmes vn tiers n'eſt pas tenu
de receuoir & recognoiſtre pour ambaſſadeur celui qui paſſe par ſon pais, &c.]
Toute ceſte matiere, & ce qui en eſt ici
decidé eſt prins du chap.24. duquel l'argument eſt tel, *Qui legati proprie violari di-*
cantur, qui non. p.128. par tout le chapitre.

Pag. 77. b. Ceste humanité doit pareillement auoir lieu pour les suiets rebelles & seditieux, lors qu'ils deputent aucuns d'entr'eux pour se sousmettre & demander pardon, ou traicter de leur acheminement a reconciliation.] *Isti ergo statim vt se subduxerunt veteri imperio, rémque gerunt suis auspiciis, nihil dubitant mittere legatos ad legitimé imperantes, à quibus vix vnquam hasce legationes reiectas legimus, &c.* chap. 5. pag. 22.

Pag. 77. b. Suiuant la clause du Senat Romain a ceux d'Ascoli, s'ils demandoiét pardon, leurs deputez seront les bien-venus, autrement non.] *Legationi Asculanorum, aliorúmque rebellium responsum est, si factorum pœniteat, liciturum ipsis mittere legatos; si minùs, minimè.* chap. 5. pag. 23.

Pag. 78. Certes cette loi doibt valoir aussi bien pour les citoiens diuisez, que pour les estrangers ennemis d'vn estat.] *Ergo Repub. & Senatu discordi, mittuntur à primoribus [legationes] ad similis fortunæ homines, vt, ab Syracusanis ad Andronodorum, &c.* chap. 6. pag. 23.

Pag. 78. I'ose affermer le semblable pour les fugitifs voleurs ou coursaires, quand ils font corps & parti.] I'ose affer-

mer que vous auez a plus pres traduit ces
mots, *Hanc vocem peregrè non solùm porrigo
ad regiones, ditionésque exteras, & longinquas,
verùm etiam ad qualemcunque cœtum hominũ,
qui illius ductu coaluit, cui est in se vno præsidiũ;
ac proinde vbi nouum nascitur, germinátque imperium.* chap. 5. pag. 19.

Pag. 78.   Comme autresfois soubs la
conduite de Spartacus, Sertorius, Viria-
tus, Tacfarinas, & semblables.] *Neutra quæ-
rit quibus parentibus ortus sit Spartacus, quæ sit
prosapia Molonis, Mathonis, Spendij, Viriati, Cili-
cis piratæ, Tacfarinatis, Eugenij, Tamburlani, Ca-
struccij Castraccanis, & similium.* chap. 5. pag.
20.

Pag. 82. Au temps passé le nõbre estoit
certain & reglé de ceux qui l'acompa-
gnoient en son ambassade, &c.] Toute ceste matiere est traictee au chap. 26. p. 170.

Pag. 82. Sçauoir si tous y doiuent par-
ticiper? Ie n'en fai point de doubte, &c.]
Hæc eadem securitas comites amplectitur. chap.
67. p. 429.

P. 82. b. Aussi la loy du Digeste estend
la peine a ceux qui ont excedé les gens de
l'ambassadeur, cõme s'ils se fussent adres-
sez a sa propre persone.] *Hoc liquet ex verbis*

Vlpiani; *Quod ad oratores, inquit, comitésue atti-*
nebit, si quis eorum quem pulsasse, siue iniuriam fe-
cisse arguetur, lege Iulia de vi publica teneatur,
&c. chap. 67. pag. 429.

Pag. 82. b. Au reste il ne faut douter
que la maison de l'ambassadeur est vn asy-
le & retraicte a ses gens & domestiques
contre toutes iniures & violences, pourueu qu'ils ne facent rien contre les loix du
pais où ils sont, & contre l'honesteté publique.] Et qui est celui, tant petit soit il,
qui ne iouisse de mesme priuilege? Côme
a chacun sa maison sert de refuge, aussi l'a-
syle d'vn chacun consiste en son innocen-
ce. C'est la prerogatiue de tous les gens de
bien. Et vous ne nous dites ici rien de
nouueau. La question est, sçauoir si les gês
de l'ambassadeur aiant commis vn crime,
sont iusticiables du Magistrat du lieu. Ce
que Monsieur Paschal decide au chap. 67.
p. 429. mesmes où il y a ces mots; *In hanc*
sententiam, vt supra dicebam, Sallustius fatetur,
Bomilcarem comitem Iugurthæ factum esse reum
magis ex æquo & bono, quàm ex iure gentium. Id
quod eò magis firmo, cùm in ius comites deliquerŭt,
quibus ius ciuile, & instituta huius aut illius ciui-
tatis violata sunt.&c. pag. 429.

Pag.83. Et ne pense pas toutesfois que
sans la permission de l'ambassadeur il soit
loisible a vn sergent, ou autre officier de
iustice, de mettre la main, faire capture
ou autre exploict de iustice sur aucun de
ses domestiques, n'estoient qu'ils fussent
prins en flagrant delict, & hors de sa maison.] C'est vne difficulté que vous passez
fort legerement. C'est ici ou il se faloit
rendre fort curieux & diligent. Il est bien
vrai, que Monsieur Paschal parle de ceste
matiere en ces termes, *Comiti, aut familiari*
non temeré iniicienda manus, ne ius quod hinc stat,
transferatur in aduersarium , &c. Mais c'est
apres auoir raisoné sur ce faict , & opposé
plusieurs expediens aux difficultez qui y
sont. chap.67. sur tout en la p.430.

Pag.83. Il soit loisible a vn sergent, ou
autre officier de iustice, &c.] Cela se pra-
tique au côtraire. Et de la façon que vous
le dites, il est bien crud, & donnez vne de-
cision ou il y a plus de hardiesse que de
verité. Monsieur Paschal ne tranche pas
ainsi, combien qu'il die, qu'il ne faut entrer chez vn ambassadeur qu'auec respect. Voila ses termes; *Neque ideo non fateor,*
præcipua quadã prærogatiua esse ædes legatorum,
quò

quò nunquam intrandum nisi reuerenter ac per-
missu domini. Quem respectum vsque eò porrigi
æquum est, vt, siquis calamitosus, aut iniqua vi
oppressus legati ædibus vtatur vt perfugio, ne hùc
inde domestica inhumanitas extrahat, quò eum pe-
regrina humanitas excepit. p.446. Il ne parle
ni de sergens, ni d'autres officiers de iustice, qui sont les bras & les mains du souuerain, qui a entrée par tout où bon luy
semble. Et c'est a vous a regarder par que-
les raisons vous pourriez bien soustenir ce
que vous dites en ce lieu.

P.84.b. Ie ne pense pas qu'il y ait raison
de leur octroier lettres d'estat.] Monsieur
Paschal traite de toutes les actions ciuiles,
ausqueles l'ambassadeur est tenu, au
chap.65.pag.411.

Pag.85.b. Et qui seruent plustost l'ambassade que l'ambassadeur.] *Neque enim san-*
cta cohors comitum vlli seruili, aut familiari ne-
gotio implicatur. Sut enim ministri legationis, &c.
chap.26 p.170.

Pag.86.b. Et ne croi point que pour deb-
te & obligation il soit loisible d'entrer en
la maison d'vn ambassadeur, faire arrest &
vendition de ses meubles & cheuaux, &c.]
Il faut parler plus distinctement. Car voici

M

vne grande abſurdité qui ſe preſente.
dautant que ſi vn ambaſſadeur ne peut
eſtre contraint pour ſes debtes, c'eſt à dire
celes qu'il a contractees durant l'ambaſſade, il eſt en ſon pouuoir d'affronter impu-
neement, côme vous le recognoiſſez peu
apres. C'eſt pourquoi la loi 25. *ff. de legat.*
met difference entre les debtes contractees deuant l'ambaſſade, pour leſquelles
il ne peut eſtre conuenu, *ne impediatur legatio*, & celes qu'il a contractees en qualité
d'ambaſſadeur, & durant ſa charge. Bref,
il eſt aiſé de faillir en çeſte matiere, ſi on
n'y apporte les diſtinctions & modificatiõs
de droict que Monſieur Paſchal a recueil-
lies, ſpecifiees, & repreſentees comme en
vn tableau audit chap. 65. pag. 411.

Pag. 86. b. Et leur en prend comme à
tous autres qui ont contracté auec vn mi-
neur ou perſone priuilegiee, &c.] Vous
me pardonnerez, ſi ie vous dis que ce que
vous eſcriuez icy n'eſt aucunement ſou-
ſtenable, & que vous traictez céſte matiere des debtes de l'ambaſſadeur auec
beaucoup de redites, de confuſion, de
contradiction.

Pag. 88. I'ay encor remarqué deux autres priuileges anciens, l'vn que les chaines d'or, & autres dons & presens qui leur auoient esté faits à la faueur de leur legation, leur demeuroient en propre.] Monsieur Paschal en a remarqué vn exemple Romain au chap. 72. p. 476. *Quatuor illis legatis, quorum nomina memoraui, nō solùm decreto patrum, sed & populi iussu ea quæ in ærarium reposuerant, Quæstores distribuerunt.*

Pag. 88. b. Il commençoit à iouir de ses priuileges non seulement du iour de son arriuee, ains du iour de sa nomination à la charge.] *Iurisconsultus respondit, Legato tempus prodesse ex quo creatus est.* chap. 18. p. 120.

Pag. 88. b. Comme aussi on ne prenoit pas son retour a poinct nommé, mais apres auoir faict son rapport, & auec quelque relasche de temps.] *Vt neque magistratus ante suum annum, nec sacerdos intra tempus sacerdotio præfinitum, sic legatus, nisi renuntiata legatione desinere non potest.* chap. 74. p. 491.

Pag. 89. S'il ne vouloit estre appelé deserteur.] *Cæterùm redire præpropere est legationem deserere.* chap. 70. p. 463.

Pag. 90. Disant pour excuse qu'il n'estoit plus ambassadeur, puis qu'il auoit receu commandement de s'en aller.] Ceste response n'estoit pertinente, puis que, comme vous-mesmes venez de dire, il estoit ambassadeur iusques apres auoir faict son rapport. Il ne faloit donc l'alleguer, ou l'alleguant, il la faloit refuter, & monstrer que ce n'estoit qu'vne deffaicte.

Ce sont les principaux poincts de la conference que i'ay faite de vostre liure auec le *Legatus*, par où l'on verra qu'en vostre traicté, quelque petit qu'il soit, il y a plus de six vingts lieux transcrits du liure de Monsieur Paschal. Et quant au reste il côtient tant d'absurditez, que i'ai opinion que vous-mesme serez bien aise de les corriger, & me sçaurez bon gré de ce que ie vous en ai aduerti. C'est le iugement qu'en fit Monsieur Paschal lui mesme, dés la premiere fois qu'il vit vostre liure. Surquoi il composa a l'instant cet Epigramme dont ie vous fais part.

Dum temerè scribis, describis quæ tua non sunt.
Hinc liber iste tuus, nec tamen vsque tuus.
Scilicet exscriptus meus est, is quem mihi surpis.
Cætera quæ blateras res docet esse tua.
Astu grassaris, qui nostris dum tua misces,
Hoc agis vt fiant vtraque tota tua.
Sis voti compos, per me tibi solus habeto
Stemmata stultitiæ nequitiæq; tua.